元宇宙

赵国栋 易欢欢 徐远重·著

Metaverse

中国出版集团
中译出版社

图书在版编目（CIP）数据

元宇宙 / 赵国栋，易欢欢，徐远重著. -- 北京：中译出版社，2021.8（2021.12 重印）
ISBN 978-7-5001-6691-7

Ⅰ. ①元… Ⅱ. ①赵… ②易… ③徐… Ⅲ. ①信息经济 Ⅳ. ①F49

中国版本图书馆 CIP 数据核字（2021）第 132726 号

出版发行：中译出版社
地　　址：北京市西城区车公庄大街甲 4 号物华大厦六层
电　　话：010-68359719
邮　　编：100044
电子邮箱：book@ctph.com.cn
网　　址：www.ctph.com.cn

策划编辑：于　宇　刘香玲　张　旭
责任编辑：张　旭
文字编辑：赵浠彤　张莞嘉　张程程　方荟文　薛　宇　黄秋思
营销编辑：顾　问　张　晴　毕竟方　吴一凡　杨　菲
封面设计：仙　境
排　　版：聚贤阁

印　　刷：北京顶佳世纪印刷有限公司
经　　销：新华书店
规　　格：787mm×1092mm　1/16
印　　张：19.5
字　　数：240 千
版　　次：2021 年 8 月第 1 版
印　　次：2021 年 12 月第 4 次

ISBN 978-7-5001-6691-7　　定价：68.00 元

版权所有　侵权必究
中　译　出　版　社

遇见,就是最好的礼物

遇见,太难了。"遇"殊为不易,"见"更是难上加难。仓央嘉措曾说,最好不相见。错过的,都不值得留恋。有结果的,终会遇见。

我们总是上下求索。"昨夜西风凋碧树,独上高楼,望尽天涯路。"也许从精神上来讲,每个人都是独特的,谁能完全了解谁呢?当到了"高处",更是所和者寡,你的引吭高歌,换来的只是空谷回音。能做的只是"衣带渐宽终不悔,为伊消得人憔悴"。尽管如此,在别人眼中,疯子一样啊,无缘无故,怎么泪流满面、形容枯槁?辛弃疾也只是长叹,把吴钩看了,栏杆拍遍,也无人明白他登临之意。

欲说而不可能,更是令人气结。岳飞半夜梦醒,听寒蛩凄切,慨叹:"欲将心事付瑶琴。知音少,弦断有谁听?"俞伯牙更绝望,听闻钟子期去世,就把琴砸了,说再没有人能听懂他琴中之意了。

在路上,虽然山重水复,一直走,终会柳暗花明。只是蓦然回首时,灯火阑珊处的那个人,真的是那个人吗?

也许一开始,我们就是错的。起心动念之间,就是一条不归路。也许一开始,我们就是茫然的,寻寻觅觅之间,迷茫如故。也许一开始,在内心深处最柔软的地方萌发的种子,还没有开出绚烂的花朵,就算遇到了,也会擦肩而过,"遇"而不"见"。

秦观有感而发,"金风玉露一相逢,便胜却人间无数"。尤其是相遇在群峰耸峙的山巅,相遇在星汉璀璨的天边。更重要的是,就算卑微如尘埃,此时此刻,内心深处的种子,已经绚烂如花!

遇见,就是最好的礼物!

目录

序一 / 001
"元宇宙"和"后人类社会"

朱嘉明　著名经济学家
珠海市横琴新区数链数字金融研究院学术与技术委员会主席

序二 / 017
"元宇宙"与"区块链"

维塔利克·布特林
电脑工程师　以太坊共同创办人

序三 / 021
元宇宙：新一代无限网络

肖　风　万向区块链公司董事长

序四 / 025
元宇宙，人类的初心

王　巍　金融博物馆理事长

前言 / 029
当经济学"遇见"元宇宙

赵国栋

01 元宇宙即将到来

Roblox 创世纪 008
元宇宙中逍遥游 015
谁来补苍天? 029
互联网进化的终极形态 032

02 M 世代,元宇宙的创世居民

M 世代的互联网纪年 038
自我实现的世代呼唤 042
圈层文化 044
突破想象的极限,创造无尽的世界 047

03 游戏,寒武纪大爆发

游戏,是文明的起源 051
游戏,是元宇宙的胚胎发育期 058
游戏,拉动上游产业的发展 063
传统产业数字化发展之路,需融入元宇宙要素 072

04 元宇宙经济学

元宇宙经济是数字经济中最活跃、最具革命性的部分	085
重新思考传统经济学的假设和"规律"	089
元宇宙经济的四个要素	098
元宇宙经济的四个特征	108
实现 DC/EP 在元宇宙经济中的法币地位	118

05 自治的乌托邦

美国政府"不作为"vs 平台公司"不作恶"	126
去中心化的尝试,理想照进现实	132
两种治理方式的比较	136
游戏,并非逃离现实的桃花源	141
治理模式,依然在求索的路上	149

06 抢占超大陆

超大陆的边缘就是数字市场的边界	154
元宇宙的新基建	159
两个超大陆——鸿蒙和以太坊	174
传统产业的超大陆——EOP	181

07 虫洞,在元宇宙间自由穿梭

三维,超越手机的平面世界	190
终端的进步与产业的变革	205
后人类社会和硅基生命	217
元宇宙的认识论,你在第几层?	222
后　　记	225
参考文献	231
专家推荐	235

序一

"元宇宙"和"后人类社会"

一

1992年,尼尔·斯蒂芬森(Neal Stephenson)的科幻小说《雪崩》(Snow Crash)出版,好评如潮。《雪崩》描述的是脱胎于现实世界的一代互联网人对两个平行世界的感知和认识。但是,不论是作者,还是书评者,都没有预见到在30年之后,此书提出的"元宇宙"(Metaverse)概念形成了一场冲击波。[①]

其标志性事件就是2021年3月10日,沙盒游戏平台Roblox作为第一个将"元宇宙"概念写进招股书的公司,成功登陆纽交所,上市首日市值突破400亿美元,引爆了科技和资本圈。这之后,关于"元宇宙"的概念与文章迅速充斥各类媒体,引发思想界、科技界、资本界、企业界和文化界,甚至政府部门的关注,形成了"元宇宙"现象。

---

① 《雪崩》相关译文:"名片背面是一堆杂乱的联络方式:电话号码、全球语音电话定位码、邮政信箱号码、六个电子通信网络上的网址,还有一个'元宇宙'中的地址。"在《雪崩》的中文译本(郭泽译,四川科学技术出版社2009年版)中,"Metaverse"被翻译为"超元域"。

如何解读这样的现象，解释"元宇宙"的定义？关于"元宇宙"最有代表性的定义是："元宇宙"是一个平行于现实世界，又独立于现实世界的虚拟空间，是映射现实世界的在线虚拟世界，是越来越真实的数字虚拟世界。比较而言，"维基百科"对"元宇宙"的描述更符合"元宇宙"的新特征：通过虚拟增强的物理现实，呈现收敛性和物理持久性特征的，基于未来互联网的，具有连接感知和共享特征的3D虚拟空间。

也就是说，2021年语境下的"元宇宙"的内涵已经超越了1992年《雪崩》中所提到的"元宇宙"：吸纳了信息革命（5G/6G）、互联网革命（Web 3.0）、人工智能革命，以及VR、AR、MR，特别是游戏引擎在内的虚拟现实技术革命的成果，向人类展现出构建与传统物理世界平行的全息数字世界的可能性；引发了信息科学、量子科学、数学和生命科学的互动，改变了科学范式；推动了传统的哲学、社会学，甚至人文科学体系的突破；囊括了所有的数字技术，包括区块链技术成就；丰富了数字经济转型模式，融合De-Fi、IPFS、NFT等数字金融成果。

如今，"虚拟世界联结而成的元宇宙"，已经被投资界认为是宏大且前景广阔的投资主题，成了数字经济创新和产业链的新疆域。不仅如此，"元宇宙"为人类社会实现最终数字化转型提供了新的路径，并与"后人类社会"发生全方位的交集，展现了一个可以与大航海时代、工业革命时代、宇航时代具有同样历史意义的新时代。

二

人类的文明史有多久，人类探讨"宇宙"的历史就有多久。公元前450年，古希腊哲人留基伯（Leucippus，约公元前500—约公元前440年），从米利都前往一个叫阿夫季拉的地方，撰写了一本著作《宇宙学》(*The Great Cosmology*)。之后，他的弟子德谟克利特（Democritus，约公元前460—公元前370年）又写了《宇宙小系统》(*Little Cosmology*) 一书。正是他们师生二人，构建了古典原子论和宇宙学的基础。

当人类将自己的价值观念、人文思想、技术工具、经济模式和"宇宙"认知结合在一起的时候，被赋予特定理念的"宇宙"就成了"元宇宙"。在这样的意义上，"元宇宙"经历了三个基本历史阶段。

第一阶段：以文学、艺术、宗教为载体的古典形态的"元宇宙"。在这个历史阶段，西方世界的《圣经》、但丁的《神曲》，甚至达·芬奇的《蒙娜丽莎》、巴赫的宗教音乐，都属于"元宇宙"。其中，但丁的《神曲》包含了对人类历经坎坷的"灵魂寓所"——一个闭环式的至善宇宙的想象。在中国，《易经》《河洛图》《西游记》则是具有东方特色的"元宇宙"代表。

第二阶段：以科幻和电子游戏形态为载体的新古典"元宇宙"。其中，最经典的作品是200年前雪莱夫人的科幻小说《弗兰肯斯坦》(*Frankenstein*) 和 J. K. 罗琳的《哈利·波特》(*Harry Potter*)。1996年，通过虚拟现实建模语言（VRML）构建的Cybertown，是新古典"元宇宙"重要的里程碑。最有代表性和震撼性的莫过于1999年全球上映的影片《黑客帝国》(*The Matrix*)，一个看似正常的现实世界可能被名为"矩阵"的计算机人工智能系统所控制。

第三阶段：以"非中心化"游戏为载体的高度智能化形态的"元宇宙"。2003年，美国互联网公司Linden Lab推出基于Open3D的

"第二人生"（*Second Life*），是标志性事件。之后，2006年Roblox公司发布同时兼容了虚拟世界、休闲游戏和用户自建内容的游戏*Roblox*；2009年瑞典Mojang Studios开发《我的世界》（*Minecraft*）这款游戏；2019年Facebook公司宣布Facebook Horizon成为社交VR世界；2020年借以太坊为平台，支持用户拥有和运营虚拟资产的Decentraland，都构成了"元宇宙"第三历史阶段的主要的历史节点。

"元宇宙"源于游戏，超越游戏，正在进入第三阶段的中后期：一方面，以游戏为主体的"元宇宙"的基础设施和框架趋于成熟；另一方面，游戏与现实边界开始走向消融，创建者仅仅是最早的玩家，而不是所有者，规则由社区群众自主决定。

Roblox的CEO David Baszucki提出了"元宇宙"的八个基本特征：身份（Identity）、朋友（Friends）、沉浸感（Immersive）、低延迟（Low Friction）、多元化（Variety）、随地（Anywhere）、经济系统（Economy）和文明（Civility）。基于Baszucki的标准，"元宇宙"=创造+娱乐+展示+社交+交易，人们在"元宇宙"中可以实现深度体验。

"元宇宙"正在形成其特定的构造。Beamable公司创始人Jon Radoff也提出"元宇宙"构造的七个层面：体验（Experience）、发现（Discovery）、创作者经济（Creator Economy）、空间计算（Spatial Computing）、去中心化（Decentralization）、人机互动（Human-computer Interaction）、基础设施（Infrastructure）。

2020年，在全球新冠肺炎疫情背景下，以下典型事件触发了人们对"元宇宙"的期待。其一，虚拟演唱会：美国著名流行歌手

Travis Scott 在游戏《堡垒之夜》（*Fortnite*）中举办了一场虚拟演唱会，全球1230万游戏玩家成为虚拟演唱会观众。其二，虚拟教育：家长们在沙盘游戏《我的世界》和 *Roblox* 上为孩子们举办生日派对。其三，虚拟金融：CNBC 报道"元宇宙"的地产浪潮，投资"元宇宙"资产基金的设立，全方位虚拟化"元宇宙"资产和财富模式正在形成。其四，学术活动虚拟化：全球顶级 AI 学术会议 ACAI 在《动物森友会》（*Animal Crossing Society*）上举行研讨会。其五，虚拟创作：*Roblox* 影响了整个游戏生态，吸引的月活跃玩家超1亿人，创造了超过1800万个游戏体验。

如此下去，人们很快可以随时随地切换身份，穿梭于真实和虚拟世界，任意进入一个虚拟空间和时间节点所构成的"元宇宙"，在其中学习、工作、交友、购物、旅游。对于这样的经济系统、社会系统和社会生态，人们目前的想象力显然是不够的。

三

2021年可以被称为"元宇宙"元年。"元宇宙"呈现着超出想象的爆发力，其背后是相关"元宇宙"要素的"群聚效应"（Critical mass），近似1995年互联网所经历的"群聚效应"。

要真正理解"元宇宙"，必须引入技术视角。在技术视角下，技术意义的"元宇宙"包括内容系统、区块链系统、显示系统、操作系统，最终展现为超越屏幕限制的3D界面，所代表的是继PC时代、移动时代之后的全息平台时代。

支持"元宇宙"的技术集群包括五个板块：其一，网络和算力技术——包括空间定位算法、虚拟场景拟合、实时网络传输、GPU服务器、边缘计算,降低成本和网络拥堵;其二,人工智能;其三,电子游戏技术——例如,支持游戏的程序代码和资源(图像、声音、动画)的游戏引擎;其四,显示技术——VR、AR、ER、MR,特别是XR,持续迭代升级,虚拟沉浸现实体验阶梯,不断深化的感知交互;其五,区块链技术——通过智能合约,去中心化的清结算平台和价值传递机制,保障价值归属与流转,实现经济系统运行的稳定、高效、透明和确定性。"元宇宙"是以"硬技术"为坚实基础的,包括计算机、网络设备、集成电路、通信组件、新型显示系统、混合现实设备、精密自由曲面光学系统、高像素高清晰摄像头。2021年,虚拟现实穿戴设备制造商Oculus的最新VR产品销量持续超预期,再次点燃了市场对于虚拟现实的想象。"元宇宙"形成的产业链将包括微纳加工,高端制造,高精度地图,光学制造(如衍射波导镜片、微显示和芯片制造),以及相关的软件产业。最终,"元宇宙"的运行需要物理形态的能源。

四

"元宇宙"是具象的,也是抽象的。具象的"元宇宙"是以抽象的"元宇宙"为基础的。

抽象的"元宇宙"首先是数学意义的"元宇宙"。抽象代数很可能是研究"元宇宙"的数学工具。因为抽象代数基于"群、环、域"的概念,通过研究确定一个对象集合的性质以理解与解决另一个对象集合中的复杂关系问题,寻找可能存在于它们之间的某种集合元素对

序一 "元宇宙"和"后人类社会"

应变换的等价性,符合"第一群同构定理",现实世界与虚拟世界之间存在对称和映射关系。如果 R 是现实世界的客体元素集合,R′ 是虚拟世界或"元宇宙"中的虚拟元素集合,进而 R′ 是对现实世界 R 的缩小或压缩,即虚拟世界 R′ < 现实世界 R。所谓的"元宇宙"则是现实世界 R 与虚拟世界 R′ 之和。

简言之,抽象代数所建立的同态映射与同构模型,有助于理解"元宇宙"。

此外,还有一个被称为"自然转型"(natural transformation)的理论,属于"范畴理论"(Category theory)分支,描述两个数学结构如何存在映射关系,也有助于从抽象数学层次理解"元宇宙"形成的深刻原理。

量子力学也有助于对于"元宇宙"的抽象性理解。在可以观测的宇宙,其大部分的组成来自占 26.8% 的暗物质和占 68.3% 的暗能量。不仅如此,物质 99% 的空间都是空的。唯有量子、粒子作为一个零维的点,可以穿过坚不可摧的墙,同时存在于两个地方。当环境发生变化时,量子可以改变自身的状态。由此可见,量子力学与全息宇宙的理论存在极大的重合性。

整个宇宙可以被看作一个二维的结构,加上人类信息,构成三维世界模式。在新的模式中,所有存在的事物都可以编码成量化的意识。或者说,人们的记忆主要依靠的是不同的意识时刻编码形成的信息。

美国维克森林大学医学院的罗伯特·兰扎(Robert Lanza)教授指出:人们的意识创造了宇宙,而不是宇宙创造了人们的意识,时空是"意识工具"。没有意识,所有的物质都会处在一个不确定的状态下。不仅如此，时间不是真的存在，空间也只是人们感知事物的一个概念。任何关于时间和连续性的看法实际上都是一种错觉。

经过量子力学所诠释的"元宇宙"，就是那些可以完美描述我们所有经历的一个又一个意识的"信息块"。在这样的意义上，"元宇宙"是全息的。

五

面对正在形成，甚至很快进入"大爆炸"阶段的"元宇宙"，不得不回答"元宇宙"的主体是什么，即"元宇宙"的原住民是谁。

在"元宇宙"的早期，真实世界中的人们通过数字映射的方式获得虚拟身份，通过数字化，实现对传统人的生理存在、文化存在、心理和精神存在的虚拟化配置，进而成为"元宇宙"的第一代虚拟原住民。这些原住民具备现实人与虚拟人的双重身份，拥有自我学习的能力，可以在"元宇宙"中互动和交流。若干年前上映的科幻电影《银翼杀手2049》展现了未来社会的"人类"构成：生物人、电子人、数字人、虚拟人、信息人，以及他们繁衍的拥有不同的性格、技能、知识、经验等天赋的后代。

可以肯定，未来的"元宇宙"居民势必多元化，只会比《银翼杀手2049》中的社会更为复杂，每个个体都不会只具有单一身份，而是具有复杂身份，生命也是从有限生命到无限生命。

如果说"元宇宙"的本质是"信息块"，那么，"信息视角下的生命"是什么？作为信息人、数字人、虚拟人，完全可以想象一个由信息构成的网络。

序一 "元宇宙"和"后人类社会"

"元宇宙"的主体,生物人、电子人、数字人、虚拟人、信息人,最终都演变为有机体和无机体,人工智能和生物基因技术的结合,形成所谓的"后人类"。其实,在过去的三四十年间,"后人类"问题已经引发一些学者的关注和研究。

美国后现代主义学者唐娜·哈拉维(Donna Haraway)发表《赛博格宣言:20世纪80年代的科学、技术以及社会主义女性主义》(*A Manifesto for Cyborgs: Science, Technology, and Socialist Feminism in the 1980s*)一文,将后人类命名为"赛博格",他们在未来世界将行走于生物体和机器之中,是虚拟和现实之间的新形态人类。

美国的未来学家雷蒙德·库茨魏尔(Ray Kurzweil)于1986年出版的《智能机器人的时代》(*The Age of Intelligent Machines*)一书中,将人类社会的进化概念分成了六个纪元:第一纪元,物理和化学;第二纪元,生物与DNA;第三纪元,大脑;第四纪元,技术;第五纪元,智慧和技术的结合;第六纪元,宇宙的觉醒。在这个阶段,传统人类成为非生物人类,也就是半个机器人,升级成人类3.0版本,宇宙面临奇点的最终命运。

美国社会学家弗朗西斯·福山(Francis Fukuyama)在他的著作《我们的后人类未来:生物技术革命的后果》(*Our Posthuman Future: Consequences of the Biotechnology Revolution*)中指出:现代生物技术生产的最大危险在于它有可能修改乃至改变人类的本性,"人性终将被生物技术掏空,从而把我们引入后人类的历史时代"。

现在,现实人类和他们创造的虚拟人,正在形成新的社会关系与情感连接,成为开拓"元宇宙"边界的先驱者,并在虚拟新大陆上构建"后人类社会"。

值得注意的是，1990年左右出生的"Y"世代人群，对即时通信、网游、云计算具有天然的接受能力，更在意生活体验，是同时生活在现实世界和虚拟世界的第一代，带动了"YOLO（You Only Live Once）文化"的兴起。但是，2010年之后出生的新一代，则是人类历史上与生俱来与尖端科技互动，并将科学技术进步完全融入自己生活的第一代人，也将是"元宇宙"完全意义的"原住民"，已经开始参与"元宇宙"的构建，推动"元宇宙"向更高阶的维度发展。

也可以将"后人类社会"形成过程想象为生命形态从所谓的"碳基生命"向"硅基生命"过渡的过程。其间自始至终会存在两种演变：一种演变是生物学的、信息论的、技术的演变；另一种演变则是伦理、文化和社会层面的。这两种演变都同时充满期望和难以预期风险的前景。有一种说法：在未来，90%以上的人类活动，如科研、艺术、教学、开发、设计，都会在元宇宙中进行①。所以，如何评估"元宇宙"模式的风险，需要尽早提上日程。

六

"元宇宙"时代的到来，不是未来时，而是现在进行时。因此，有一系列新的问题需要考量：

第一，如何确定"元宇宙"的价值取向、制度选择和秩序。在现实世界，当下的人类具有完全不同的甚至对立的价值取向，还有不

---

① 参见吴啸《"元宇宙"——21世纪的出埃及记》。

同信仰，特别是宗教信仰。所以，"元宇宙"需要面对这些富有挑战性的课题：如何避免简单复制现实世界的价值观？如何实现"元宇宙"的"制度"设计？在"制度"设计中要不要坚持自由、主权、正义、平等之类的原则？怎样确定"元宇宙"的秩序和运行规则？何以制定"元宇宙"宪章？简言之，如何确定支持"元宇宙"文明框架的体系？

第二，如何制定"元宇宙"内在的经济规则。在"元宇宙"中，不存在人类经历的农耕社会和工业社会，也不存在现实世界的传统产业结构。在"元宇宙"中，"观念经济"将是经济活动的基本形态，金融货币的天然形式不可能再是贵金属，而是虚拟的社会货币。现在，处于早期阶段的"元宇宙"经济体系，可以移植和试验所有数字经济创新成果，包括各类数字货币，试验合作经济、共享经济和普惠金融，消除在现实世界难以改变的"贫富差距"。

第三，怎样避免"元宇宙"内在垄断。"元宇宙"具有避免被少数力量垄断的基因。Roblox 的联合创始人 Neil Rimer 提出：Metaverse 的能量将来自用户，而不是公司。任何单独一家公司是不可能建立"元宇宙"的，而是要依靠来自各方的集合力量。Epic 公司 CEO 蒂姆·斯威尼（Tim Sweeney）也强调："元宇宙"另一个关键要素在于，它并非出自哪一家行业巨头之手，而是数以百万计的人们共同创作的结晶。每个人都通过内容创作、编程和游戏设计为"元宇宙"做出自己的贡献，还可以通过其他方式为"元宇宙"增加价值。2020 年，国内流行一种"全真互联网"的概念。这样的概念忽视了互联网与区块链结合的趋势，以及 Web 3.0 的非中心化的特征。"全真互联网"让人们想到金庸小说《射雕英雄传》与《神雕侠侣》所描写的江湖世界中的那个"全真派"。

第四,如何预防"元宇宙"的霸权主义和"元宇宙"之间的冲突。在未来,"元宇宙"并不是"一个"宇宙,新的"元宇宙"会不断涌现,形成多元化的"元宇宙"体系,如同"太阳系"和"银河系"。不仅如此,"元宇宙"是开放的,任何一个"元宇宙"的居民都可以同时生活在不同的"元宇宙"中。"元宇宙"也存在进化,在这样的场景下,需要建立"元宇宙"之间和谐共存的规则,消除人类曾经构想的"星球大战"的任何可能性。

第五,如何维系现实世界和"元宇宙"之间的正面互动关系。可以预见,因为"元宇宙",人可以同时栖息在真实与虚拟世界中,导致人的神经感知延伸,意识扩展。"元宇宙"的形成与发展,需要与现实世界互动,实现两个世界从理念、技术到文化层面的互补和平衡,形成新的文明生态。在"元宇宙"早期阶段,两个世界的互动关系还是通过现实人类不断改变存在身份,以及虚拟机和预言机作为技术性媒介实现的。如果人类和他们的虚拟生命在"元宇宙"的社会活动和生活方式中获得更多的幸福,将这样的感受和体验带回到现实世界,有利于现实世界向善改变,有助于深刻认知"人类共同体"理念。

第六,如何协调资本、政府和民众参与创建"元宇宙"。创建"元宇宙",政府、资本和民众都有各自的功能。在早期,政府的作用相当重要。2021年5月18日,韩国宣布建立一个由当地公司组成的"元宇宙联盟",其目标是建立统一的国家级VR和AR的增强现实平台,厘清虚拟环境的道德和法律规范,确保元宇宙"不是一个被单一大公司垄断的空间",将虚拟服务作为一个新的公共品。韩国的"元宇宙联盟"构想值得我们关注和学习。

对上述问题的考量，其实都没有彻底摆脱和超越作为当下"人类"的思考模式。如果是"元宇宙"的全新思考范式，就应该相信，"元宇宙"一旦形成，就会有自己的生命力，以及自我调整和演变的内在动力。

七

人类在关注和参与"元宇宙"的形成与发展过程中，传统的生命概念、时空概念、能量概念、族群概念、经济概念和价值观念都会被改变和颠覆，触及哲学，甚至伦理学。

因为"元宇宙"，导致人们重新思考基本的哲学概念：先验知识、存在和存在主义、经验主义、二元论、语言本质、超现实社会、单向度，进而影响对以下哲学家所提出的哲学思辨的认知。

第一，笛卡儿（René Descartes）的"二元论"。笛卡儿认为，心灵和身体是两个不同的领域，进而提出是否存在支配两者的普遍法则的问题。在"元宇宙"世界，心灵和身体发生重合，完全实现了"我思故我在"。只有在认识论（epistemology）的意义上，世界才是依赖主体的，或者说是主体建构了世界的性质。

第二，萨特（Jean-Paul Sartre）的"存在"与"虚无"的关系。萨特的代表作《存在与虚无》（*L'Être et le Néant*），通过"存在与虚无"的二元性代替了"物与人"的二元性，进而提出人被虚无所包围，虚无即是人的真实存在，人终究被非存在所制约。所以，人就是虚无，并且是一切虚无之源。而"元宇宙"的本质，实现了存在和虚无的真实"关联"和"统一"。

第三,福柯(Michel Foucault)的"我应该是什么"。根据福柯的《词与物》(Les Mots et les choses: une archeologie des sciences humaines),在18世纪末以前,并不存在人。"人"是新近的产物,是现代认识型的产物。因此,在《词与物》一书的最后一页写道:"人将被抹去,如同大海边沙地上的一张脸。"于是,"人之死"(Death of men)就不可避免。福柯的后现代理论对现代体制的质疑,为虚拟空间和"元宇宙"造就替代传统人类的"新人类"提供了合法性缘由。

第四,海德格尔(Martin Heidegger)和维特根斯坦(Ludwig Wittgenstein)的"语言就是世界"。海德格尔认为,语言并不是一个表达世界观的工具,语言本身就是世界。维特根斯坦的语言理念则是:语言就是游戏,也是一种生活形式。"元宇宙"的语言系统不同于传统人类自然语言,而是计算机程序语言,以及代码转化的文本、声音、图像、视频,以及其他符号形式,进而构成新的文明规则。所以,其中的活动与游戏,以及语言游戏之间并没有清晰的边界。如果海德格尔和维特根斯坦看到"元宇宙"的语言深层结构,他们会重新定义语言与人类社会活动的关系。

第五,博德里亚尔(Jean Baudrillard)的"大众化的虚无世界"。博德里亚尔在他的《在沉默的大多数的阴影下》(À l'ombre des majorités silencieuses)中,表现出对当代社会的敏锐观察:旧的阶级结构瓦解,传统社会秩序的所有支点都不可避免地"中性化",进入了所谓的大众化的虚无世界,或者虚无状态,现实与虚构之间的界限已经消失。不得不承认,"元宇宙"就是现代社会走向虚无趋势的一

序一 "元宇宙"和"后人类社会"

种具有积极意义的显现。

结束本文的时候,要对中国历史上的哲人充满崇敬之心。南宋哲学家陆九渊(1139—1193年)在延续自战国时代关于"宇宙"的诠释,即"四方上下曰宇,往古来今曰宙"的基础上,进而提出"宇宙便是吾心,吾心即是宇宙",确认了"心学"的内核。之后的明朝哲学家王阳明(1472—1529年)将"心学"提到了前所未有的高度,指出"无心外之理,无心外之物"。当今,要认知"元宇宙"的真谛,需要参透陆九渊和王阳明深邃的思想。

朱嘉明

著名经济学家

珠海市横琴新区数链数字金融研究院学术与技术委员会主席

2021 年 6 月 12 日

序二

"元宇宙"与"区块链"

在得知中译出版社即将出版《元宇宙》和《元宇宙通证》两本书的消息时,我非常兴奋和激动。我一直十分关注"元宇宙"的概念,这个概念与区块链密不可分,却具有更加宏大的意义,两者相辅相成。可以说,正因为有了区块链,元宇宙才能从平平无奇的"虚拟世界"跃迁到开天辟地的"宇宙"。

区块链是一个全球性、安全、点对点的网络,但在全球范围内,它并不是第一个点对点网络,也不是第一个应用密码技术的网络,更不是第一个允许人们远距离交流的网络。全球 P2P 文件共享网络 BitTorrent 已经存在了 15 年,让世界各地的人共享网络资源;它也作为一个平台让相距很远的人仍然可以很容易地相互交流。区块链也并不是第一个做到这一点的技术。互联网在过去的几十年中已经取得了很大的进步。

密码学(让人们相互信任的技术)已经有近 40 年的历史,它允许我们进行远程交互而不需要信任参与这个过程的每个人。在使用因特网时,几乎所有计算机或电话与运行某些应用程序的服务器之间的通信都是加密的。

密码学非常有价值。密码学确保消息的内容只能被打算阅读它的人看到，保证消息的内容不会在此过程中更改，也确保消息的发送者是他们所说的自己。

但有很多东西是密码学无法实现的。比如：密码学无法告诉你消息是何时创建或何时发布的，它不能证明某些信息在一段时间之前就存在了，也不能证明某人是否确认了该信息。密码学无法使参与者达成一致共识。在金融体系中，如果每个参与者对所有人资产的共同价值没有共识，金融体系就无法运转。密码学不能提供经济激励，因为它不能提供股权证明和支付渠道，然而许多技术在很大程度上依赖于经济激励。密码学不能证明来自真实世界的信息。你无法用数学方法证明香港的温度是100华氏度，也无法用数学方法证明美元对港元的汇率是1∶7.18。现实世界的大部分事情是无法证明的。

虽然区块链不能解决所有问题，却解决了加密技术不能解决的许多问题。

区块链技术不是简单的点对点网络和密码技术的线性组合，最重要的是它让全部的区块链网络参与者取得共识。区块链网络中的每个节点，都成了历史的见证者，从而避免了因缺乏信任而无法完成操作。

我们现在拥有的大多数应用程序都试图使用某种集中式数据库。因为某些应用程序在互联网上有相当大的数据库（如QQ、微信、支付宝等），所以近年来有许多垄断情况出现。

应用程序的用户越多，想要查看数据库的用户就越多，其他用户便有更多的机会可以快速、轻松地与已经存在的用户进行交互。这意

序二 "元宇宙"与"区块链"

味着，对于一个小公司而言，即使产品再好也难以与大公司竞争。

区块链的数据库和账本不依赖特定公司存在。两个不同的公司可以以分布式数据库和密码学保护用户隐私，获得网络效应带来的好处，躲避大公司的垄断，这样一来，大公司主导某个行业的情况就再难发生。

有很多网站已经有了明显的网络效应，但其数据不被特定公司控制，维基百科就是一个很好的例子。人们所做的不仅是分享信息，还可以分享共识，甚至余额、账户。

所以当你在一个建立在区块链上的、完全开放的平台时，其强大的网络效应会让你更容易地享受到应用程序带来的好处。这不仅局限于一个行业，它可以跨越不同的行业和国家。

区块链的应用领域非常广阔，囊括支付、预订、个人身份认证等。

支付最先发挥作用。人们对代币、货币、各种金融工具都很感兴趣。举一个非常有趣的例子，在一些愿意提升透明度的领域中（如慈善组织），对于那些对公开预算使用情况有需求的国家，区块链支付在这些领域大有裨益。

虽然我们现在能用区块链订火车票、订旅馆、订机票，但在这些过程中，还有很多低效之处需要改进，而区块链最能发挥作用的领域就是协调多方参与场景。

这些年有些人一直在推的"上链"进展并不明显。一个很重要的原因是，上链资产和实物很可能存在不一致的情况，而这无法通过区块链网络自身来得到保证。但是在元宇宙中，所有的资产都是数字化的，天然就存在于网络上。严格意义上来说，元宇宙的所有资产都可以基于区块链网络。上述种种好处，尤其能避免元宇宙中数字资产集中于大公司手中，导致创新的小企业举步维艰。区块链保障了元宇宙居民自身拥有数据的权利，把数据的权利归还给元宇宙的居民。

元宇宙对于区块链的发展同样至关重要。元宇宙的数字资产规模很可能在很短的时间内就会超越物理世界，在高速增长的环境中，区块链更能大展拳脚。

现在全世界都在关注中国，关注中国元宇宙。我相信，元宇宙在中国的未来是光明的。我们要运用好区块链技术，完善区块链技术，推动元宇宙的发展。尽管元宇宙中的居民生活在不同的国家，但元宇宙是超越国界的。我也在关注中国的理念，譬如"人类命运共同体"。虽然这个理念和中国的历史一样古老，却和最潮的元宇宙的精神内核息息相通。在元宇宙中，我们借助区块链技术实现了同一个元宇宙的共同体；在每一个元宇宙中，他们都休戚与共。

祝福中国，祝福《元宇宙》！

维塔利克·布特林

电脑工程师

以太坊共同创办人

2021年7月22日

序三

元宇宙：新一代无限网络

什么是"元宇宙"？

正所谓"一千个人眼里就有一千个哈姆雷特"。

解释什么是元宇宙，也可以有多个角度、多个层次。

而我，更愿意从"人"的角度来解释什么是"元宇宙"。

元宇宙是人类数字化生存的最高形态。互联网让人有了线上"化身"，于是，有人说，"在互联网上，没有人知道你是一条狗"；元宇宙让人有了数字世界的"分身"：一个虚拟数字人的你，既与现实世界的你是数字孪生的一对，又是原生于数字世界的另一个你，可能比现实世界的你要更丰富多彩、生动灵现、角色多元。元宇宙也是人的社会、人的世界。只不过，它是人的虚拟社会、人的数字世界。

因此，元宇宙本质上也会像过去几千年的现实社会一样，人类总是在致力于使其繁衍生息、绵绵不绝。越深入了解元宇宙，越觉得它像极了哲学家、宗教学者詹姆斯·卡斯描绘的"无限的游戏"。在无限的游戏里，没有时间、空间，没有结束、终局；只有贡献者，没有输者赢家；所有参与者都在设法让游戏能够无限持续下去。正如他在

《有限与无限的游戏》一书中所说"无限游戏的参与者在所有故事中都不是严肃的演员,而是愉悦的诗人。这一故事永远在继续,没有尽头"。很难设想元宇宙会类似竞技运动或者博彩游戏。你的数字"化身",生命周期可以是无限的,尤其是在 AI 的帮助下,甚至可以让你在身后活出更大的精彩。

复杂系统科学发源地圣塔菲研究所的前所长、物理学家杰弗里·韦斯特在其《规模:复杂世界的简单法则》一书中,探讨了生物、企业、城市的成长与消亡的周期问题。城市的兴衰跨越数百年,而企业的兴衰平均只有数十年。没有任何一家企业的寿命能够超越一座城市。其中一个最重要的原因就在于企业是一个自上而下的封闭系统,以市场竞争为手段,以追求利润最大化为目标,因此总是遵循边际成本递增、边际收益递减的规律。规模永远是企业不可逾越的"边界";而城市则是一个开放、包容的系统,呈现出生态体系的特征。城市的人口数量每增加 1 倍,公共配套设施只需要增加 0.85 倍,而知识传播、工作岗位和创新能力,都会因为人群的集聚而成倍增长。城市遵循的是规模成本递减、规模收益递增的规律。

元宇宙就是这样一个规模成本递减、规模收益递增的生态系统,因此能生生不息、延绵不绝。

这样一个"无限游戏"的元宇宙,它的治理结构是分布式、去中心、自组织的。加入元宇宙是无须许可的,沉浸在元宇宙中是自由自在的。元宇宙制定规则依靠的是共识,遵守规则依靠的是自治。

这样一个"无限游戏"的元宇宙,它的经济模式是"利益相关者制度"。价值共创者就是利益共享者,没有股东、高管、员工之分。所有参与者"共建、共创、共治、共享"。

序三　元宇宙：新一代无限网络

这样一个"无限游戏"的元宇宙，它的商业模型是创作者驱动。互联网是消费者驱动，用户数是互联网估值的核心指标。区块链是技术开发者驱动，开发者社区的建立是区块链成功的标志。元宇宙是内容创作者驱动，丰富多彩、引人入胜的内容是元宇宙"无限游戏"的关键。

元宇宙不是下一代互联网，而是下一代网络。CT技术构成了通信网络；计算机互联网构成了信息网络；而人类社会迈入数字化时代，AI、云计算、区块链等构成了数字网络。元宇宙是新一代的网络：数字网络。

赵国栋、易欢欢、徐远重三位朋友，思维敏捷、唯实唯新！当他们告诉我，他们合作写了一本关于元宇宙的著作时，我着实惊讶于他们的眼疾手快！细读书稿，获益良多！于是本着写一个读书笔记的初衷，欣然应允为本书作序，祝《元宇宙》一纸风行，洛阳纸贵！

肖　风

万向区块链公司董事长

2021年7月28日

序四

元宇宙，人类的初心

三位年轻人聚在一起，写了一本通俗读本，把刚刚火起来的新词"元宇宙"条分缕析，形成一门学问。对传统学者而言，以一个月的高谈阔论成书过于草率鲁莽。不过，对于站在数字世界边缘的新生代们，这已经是姗姗来迟了。我熟悉这三位年轻人，他们都是驰骋在移动互联网、大数据和区块链三个领域的资深玩家，是充满激情的布道者。"弄潮儿向涛头立，手把红旗旗不湿"。

翻阅全书，多有饶舌烧脑处，跌跌撞撞，却又藕断丝连，具有逻辑张力。从游戏引爆"元宇宙"开始，展开了一个以网络、数字和人工智能为基础的虚拟世界。从比特币到NFT，将混沌初开的幻象彼岸过滤成万千独一无二的可交易产品和场景。在书中，传统的价值体系被无情抛弃，习惯的经济学、社会学和政治学规则逐一失灵。归根结底一句话，新生代的共识才能创造"元宇宙"的价值。

庞杂的架构、突兀的词语、松散的逻辑、急促的分析，这本书看上去似乎不那么成熟，作者没有提供任何解决方案，但给了读者无限的解读空间和自由的想象空间。有趣的是，三位作者仍然站在传统的大陆上向未来的新世界努力投射智慧光芒，各种假设、各种预期、各种指标，甚至各种"基础设施"建议。不过，"元宇宙"已经使人类切断了基因脐带的全新结构，在无限的"0"与"1"的组合中衍生自己的命运了。

过去100年里，人类基本解决了衣食住行这些现实世界的种种困扰。

过去30年里，人类创造了可以承载精神寄托的网络平台和数据工具。

现实世界中我们无法企及的幻想和难以排解的焦虑，可以在平行的精神"元宇宙"中解放了，何其快哉也！

我们在"元宇宙"里肆意放纵的意志和天马行空的臆想终于得到释放，而且，还可以下凡到现实世界里小试锋芒，更是痛快淋漓！

人类归根结底是精神生物，几千年的产业文明积累让我们享受物质化生存，而几十年的互联网和数字革命则让我们回归精神社会。

"元宇宙"——才是人类初心。

7月15日，在北京瑞吉酒店的盖亚星球大会讲演上，我对约300名被称为Z世代人类的年轻大学生讲道，"元宇宙"不是一个，而是无数个。每个人都有自己的"元宇宙"，每个人还可以有许多个同时叠加的"元宇宙"。你们这一代远比我们这些还在现实世界中挣扎的传统一代更加快乐和有创造力。

"元宇宙"不同于哲学家的冥想空间，这是一个数据化、网络化、智能化的大千世界，我们可以设计、编辑、运行、体验和把握

序四 元宇宙，人类的初心

的超现实世界，而且可以关联、干预、创造和操控我们生存的现实世界。

理解了"元宇宙"，我们才能更好地理解和享受我们的现实世界。推荐大家读一读这套书，一起开启未来的智识历程。

王　巍

金融博物馆理事长

2021 年 7 月 19 日

前言

当经济学"遇见"元宇宙

理论的突破,很难从大而全的概括中产生。世界纷繁复杂、万物普遍联系。因此,研究理论、总结规律需要几个条件:其一,合理的取舍,从万物普遍联系中,分离出那些最具代表性、先进性,变化程度最高的典型案例。其二,研究这些案例,找到原子级别不可再分的构成要素;研究这些要素的特征和要素间的关系,甚至定义出原子级别的操作。其三,回归到整体,整体的问题还需要整体求解,看看得出的结论是否经得起时间和其他要素的检验。

元宇宙经济就是数字经济的最佳范例,从元宇宙入手,就可以得出和传统经济学,包括秉承新自由主义经济学和新制度经济学的所有经济学家完全不同的结论。虽然我们还不能说完全推翻了这些传统经济学的种种教条,但是一个完整的、先进的经济学体系正在建立。元宇宙经济学的先进性,恰恰在于元宇宙实践的特殊性。

元宇宙是一个完整、自洽的经济体系,是纯粹的数字产品生产、消费的全链条。从商品的属性来看,元宇宙经济学和传统经济学相同,遵循相似的供需规律,但是从商品生产、消费的全链条来看,又完全不同。元宇宙中的商品，完全是在元宇宙中制造和消费的，层层剖析到最后，无非是"0""1"的排列组合。从某种意义上来看，元宇宙的商品是脱离物理世界的单独存在，尽管它们之间可以发生千丝万缕的联系。

依据元宇宙的特性，我们可以把经济划分为两种类型：以实物商品为主要研究对象的传统经济和以数字商品为主要研究对象的元宇宙经济。数字经济是以数字要素作为关键生产资料的经济活动。传统经济升级的方向是数字经济，数字经济中最活跃、最彻底、变化最剧烈的部分，恰恰是元宇宙经济。因此，元宇宙经济中蕴含的经济规律就具备了普适性。长期以来，传统经济学的研究已经进入误区，走进了封闭、保守的圈子。传统经济学家对信息科技引起的变化不敏感，在社会变化最剧烈的领域几乎整体性失声，相反，未来学家大行其道。传统的西方经济学已经失去了解释世界变化的能力，更谈不上预测未来。经济学亟须在继承中创新，在创新中升华，形成新的经济理论体系。元宇宙经济的特殊性体现在数字商品的创造和消费中，数字商品不消耗任何的物理世界的"物质"，也不存在物理世界的仓储、物流等问题，在某种意义上呈现"量子"的特性。本质上数字商品，或者更严格地说，数字物体都是"离散"的、不遵循任何物理规律的，所有在元宇宙呈现的"规律"都是代码规定的人工规律，可以模拟任何物理规律，譬如量子纠缠、瞬间移动等。在元宇宙中，时间和光速都是可以任意修改的参数。

元宇宙也是五脏俱全的社会，阿凡达们在不同的元宇宙中可能代表人们真身的某个侧面。善良的愈加善良，邪恶的愈加邪恶。物理世界的任何政府，无论秉持什么样的意识形态，总是要惩恶扬善的，总是要以保护生命为主并将其作为基础的社会价值。但是就像神话中创世之后有天堂和地狱之分，元宇宙中也有地狱一样的存在。这些问题，第五章将详细探讨。

元宇宙天然是"原子性"的，所有物品、关系、规则，最终都体现在二进制代码"0""1"的排列组合中。我们无法在元宇宙中再细分这两个最小的组成单位。物理世界则不同，一路"细分"下来，发现原子，原子组成要素有质子、中子、电子，再细分发现质子、中子由"夸克"组成，再研究夸克，发现其不过是一份份离散的能量。科学家开始用"弦"来描述"夸克"，那用什么来描述"弦"呢？按照弦论的观点，宇宙不过是几种"弦"不同振动方式构成的一首华丽的乐曲而已。宇宙和元宇宙到底哪个才是更真实的存在呢？

还好，至少元宇宙的原子性和离散性是确切无疑的。基于原子性的要素，人们可以定义基础的原子性的操作，周全而无遗漏。布尔代数完全穷尽了"0"和"1"的所有操作。元宇宙同物理世界的关系，可以通过采样定理①决定，物理世界可以在元宇宙中被精确还原，譬如在元宇宙中可以构建宏观物体的量子态。反之则未必成立。

比特币定义了金融场景的原子操作，就是点对点的货币支付。所有金融行为，最终都可以归结为点对点货币支付。由点对点金融支付，可以衍生出所有的金融业务。以太坊定义了数据变换的原子操

---

① 采样过程所应遵循的规律，又称取样定理、抽样定理。采样定理说明采样频率与信号频谱之间的关系，是连续信号离散化的基本依据。在进行模拟 / 数字信号的转换过程中，当采样频率 $f_{s.max}$ 大于信号中最高频率 f_{max} 的 2 倍时（$f_{s.max}>2f_{max}$），采样之后的数字信号完整地保留了原始信号中的信息，一般实际应用中保证采样频率为信号最高频率的 2.56—4 倍。

作,就是点对点的数据变换,可以通过编程的方式实现任何点对点的数据变换,并且确保这种变换是不可逆的、不可被篡改的。这就实现了元宇宙社会中,关于"信任""信用"的原子性操作。

利用区块链技术,可以让任意的被加密的"一段数据"成为数字资产,给无差别的"数据"打上了独一无二的"身份"标签。从而数据变成了资产,具备有偿流通的可能性,进一步衍生出经济行为,发展为充满活力的商业世界。

满足人们生理需求的物理世界和满足人们精神需求的虚拟世界,在人的需求层次上是一个整体。尽管在物理世界中,也可以满足部分的精神需求。这两个世界并不是物理意义上的"平行宇宙",而是紧密的、相互联系的,人是其中重要的纽带。无论是在物理世界还是虚拟世界,人类都可以获得知识,虚拟世界知识的丰富性甚至远超物理世界(如训练飞行员的模拟舱)。因此不能把物理世界和虚拟世界割裂地看待。从人的方面来看它们依然是统一的,是人的不同需求的不同满足方式。

随着物质财富的增多、改造物理世界技术的进步,人们在物理世界中工作的时间越来越少,而沉浸在虚拟世界的时间越来越多。人们不可逆转地向虚拟世界迁移。有统计数据显示,人们在物理世界的工作时间,全天在4小时左右。未来人们的思考和决策都是在虚拟世界中完成的,而执行是在物理世界中完成的。就像人们的思考依赖大脑,执行依赖四肢一样。

基于此,我们现在研究元宇宙就有了现实的意义。我们不是在空谈一个类似乌托邦的概念,而是通过对元宇宙的探讨,加速改变整个世界,建立起日益丰富的数字世界,改造出更加美好的物理世界。

前言 当经济学"遇见"元宇宙

全书从六个方面来研究元宇宙，共分为七章。

第一章概述元宇宙种种特性、技术基础。部分读者从第一章中就可以获得全书的观点概要。

第二章分析元宇宙的居民，并给他们取了一个名字——M世代。M即"Metaverse"的首字母。以"95后""00后"为主体的M世代。他们的喜怒哀乐，决定了元宇宙的种种特性。他们才是元宇宙的原住民。

第三章重点讲游戏。游戏是元宇宙的第一个雏形，其能够以可视化的形式体现元宇宙的特征，游戏对于画面清晰度、流畅度、真实度方面的不断的追求，一直是通信、3D技术、算力发展的原动力。更重要的是，通过借鉴游戏的发展，其他各行各业都可以找到通往元宇宙之路。当然不同的行业难易程度不同，进阶必有先后，但是思维却须同步。

第四章探讨元宇宙经济学。本章指出元宇宙经济学是数字经济中最活跃、最具前瞻性的有机组成部分；提出了元宇宙经济不同于传统经济的一些显著特征，同时向传统经济学奉为金科玉律的观点提出了挑战。

第五章讨论元宇宙治理问题。我们很难在元宇宙中建立类似"政府"的机构。自治似乎是唯一的解决方案。面临"邪恶共识"的情况、面临大面积发生的"灾难"事件，目前似乎并无统一解决的良策。治理之路仍然在探索之中。技术进步很快，治理模式则在物理世界的摩擦中艰难前行。

第六章以"超大陆"之名，探讨元宇宙的基础设施。本章从物理层、软件层、数据层、规则层、应用层展开论述，并且提出了产业

"超大陆"的领先实践——EOP（生态运营平台）的概念。

第七章讨论技术对产业和社会的影响。数字技术正在系统性地和人类大脑、躯干更紧密地融合。后人类社会和硅基生命在数字技术浪潮中，正一步一步变成现实。人类则借助 VR/AR 等终端设备，在不同的元宇宙之间自由穿越。

本书成书只有短短一个多月的时间，仓促之中，错漏实多，还望各位读者不吝指正。元宇宙讲究的是"进化"。本书作为与元宇宙的第一次"遇见"，希望在进化过程中逐步完善。

2021 年 7 月 20 日

01

元宇宙即将到来

> 大家来到"绿洲"是因为可以做各种事,但是他们沉沦于此是为了不一样的人生。
>
> ——电影《头号玩家》

元宇宙是人们娱乐、生活乃至工作的虚拟时空。*Roblox* 这款游戏，展示了元宇宙的诸多特征。核心是数字创造、数字资产、数字交易、数字货币和数字消费，尤其是在用户体验方面，达到了真假难辨、虚实混同的境界。

元宇宙具备从虚拟物品生产到消费的宏观产业链条的闭环，从而形成以虚拟商品为主要交易对象的独立经济体系。元宇宙经济学呼之欲出，成为数字经济中最活跃、最具革命性的部分。

共创、共享、共治是元宇宙的基本价值观。在元宇宙中生活、工作正在成为 M 世代亚文化中的一部分，进而形成社会思潮，从而重塑元宇宙社会，并影响现实社会。在传统文化和元宇宙文化相互渗透融合中，人类文明或将被重新塑造。

大约再过 15 年，互联网就可能会发生一次重大的变革。正如从 PC 为主要上网终端过渡到手机，现在也将由手机过渡到 VR/AR 设备，开始互联网下一个 15 年的演变周期，人类将迎来互联网大变局的前夜。

"末影龙""苦力怕"这些稀奇古怪的名字是什么？如果你不知道，虚心地向小孩子们请教，他们会兴高采烈地告诉你。我就是在吃早饭的时候，问刚刚上小学一年级的儿子：什么是"苦力怕"？他回答我说："那是一种怪物，靠近你就会爆炸！"还边说边比画。

"末影龙""苦力怕"都是游戏《我的世界》（*Minecraft*）[①]中的角色（见图1-1）。它们在其中生存，在你不小心的时候，忽然发起攻击。这款游戏中，所有的物体、生物都是由一个个小方块构成的，甚至连太阳都是方形的。比起画面精良的大作，这里面的每个物体都显得很粗糙。但是玩家沉溺其中乐此不疲，他们可以用这些小方块"创造"出各种各样的东西。有人在《我的世界》中建造了城市，有人甚至根据电路知识，从搭建与非门开始，制造出完整的计算机。更重要的是，玩家们可以被组织起来开展活动，譬如召开毕业典礼。

2020年6月16日，中国传媒大学动画与数字艺术学院的毕业生们在《我的世界》这个游戏中根据校园风景的实拍搭建了建筑，还原了校园内外的场景，上演了一出别开生面的"云毕业"（见图1-2）。除了还原了校园的基本风貌，花草树木和校猫也亮相其中。在"典礼"的进行

[①] 《我的世界》是一款3D第一人称沙盒游戏，玩家可以在三维空间中自由地创造和破坏不同种类的方块，用想象力建立并探索一个专属于玩家的世界。

图 1-1 游戏《我的世界》中的画面（图片来源：网易游戏《我的世界》官网）

过程中，校长还提醒同学们"不要在红毯飞来飞去"。这场"毕业典礼"在哔哩哔哩直播的时候，还有网友感慨地说像"霍格沃兹的毕业典礼"。

图 1-2 中国传媒大学"云毕业"场景（图片来源：哔哩哔哩视频《中国传媒大学创意"云毕业"打造游戏世界中的毕业典礼》截图）

中国传媒大学的"云毕业典礼"其实并非首例,美国加州大学伯克利分校的 100 多名在校生和校友也在游戏《我的世界》里复制了整个校园,在六周内再现了 100 多栋校园建筑物,包括大家熟悉的小商店,甚至一些条幅(见图 1-3)。

图 1-3　加州大学伯克利分校第 11 任校长 Carol Christ 在致辞
(图片来源:加州大学伯克利分校官网)

《堡垒之夜》(Fortnite)与美国饶舌歌手 Travis Scott 展开跨界合作,在游戏中举办"ASTRONOMICAL"虚拟演唱会,场次横跨美国和欧洲、亚洲、大洋洲等服务器。根据 Epic Games 的官方统计,目前已表演的场次吸引了超过 1200 万名玩家同时在线参与,创下惊人的纪录。图 1-4 所示的动漫人物就是 Travis Scott 在《堡垒之夜》中的形象。

图 1-4 Travis Scott 在《堡垒之夜》中的形象

（图片来源：腾讯游戏《堡垒之夜》官网）

达美乐比萨，算是在虚拟世界中最知名的比萨了。因为它开发了一款应用，在应用中，人们可以戴上 AR 眼镜，在虚拟现实中买比萨。

史蒂文·斯皮尔伯格执导的电影《头号玩家》，把故事的背景设定在了 2045 年，世界处于混乱和崩溃边缘，令人失望。人们将救赎的希望寄托于"绿洲"，一个由鬼才詹姆斯·哈利迪一手打造的虚拟游戏世界。人们只要戴上 VR 设备，就可以进入这个与现实形成强烈反差的虚拟世界（见图 1-5）。在这个世界中，有繁华的都市，有形象各异、光彩照人的玩家，而不同次元的影视游戏中的经典角色也可以在这里齐聚。就算你在现实中是一个挣扎在社会边缘的失败者，在"绿洲"里依然可以成为超级英雄，再遥远的梦想都变得触手可及。哈利迪弥留之际，宣布将巨额财产和"绿洲"的所有权留给第一个闯过三道谜题、找出他在游戏中隐藏彩蛋的人，自此引发了一场全世界范围内的竞争。

图 1-5　电影《头号玩家》宣传海报

现实生活中无所寄托、沉迷游戏的少年韦德·沃兹，只是一个生活在贫民区的普通人——害羞、不合群、毫无存在感。但是在"绿洲"中，他化身帕西法尔，自信、勇敢、机智，成为人们心目中的超级英雄。凭着对虚拟游戏的深入剖析，他历经磨难，找到隐藏在关卡里的三把钥匙，完美通关，拥有了"绿洲"的所有权。

电影中展现的"绿洲"，已经被《我的世界》这一类型的游戏率先实现了，尽管画面像素感很强，尽管人们的虚拟形象很"方"，但是已经切切实实地展示了一个虚拟的世界。大家来到"绿洲"是因为可以做各种事情，他们沉浸于此，是为了体验不一样的人生。

著名的美国科幻小说家尼尔·斯蒂芬森（Neal Stephenson）在 1992 年撰写的《雪崩》（*Snow Crash*）一书中描述了一个平行于现实世界的网络世界——元宇宙（Metaverse）（见图 1-6）。所有现实世界中的人在元宇宙中都有一个网络分身（Avatar）。斯蒂芬森笔下的元宇宙是实现虚拟现实后下一个阶段的互联网的新形态。

元宇宙

图 1-6　科幻小说作家尼尔·斯蒂芬森早在 1992 年出版的《雪崩》中就提到了元宇宙的概念，图为《雪崩》封面

Roblox 创世纪

故事要从 1989 年的一个小砖块开始讲起。当时 David Baszucki 和 Erik Cassel 编写了一个叫作"交互式物理学"的 2D 模式物理实验室，为之后他们二人创建 Roblox 打下了深厚的基础。通过"交互式物理学"，来自全球各地的学生可以观察到两辆车是如何相撞的，也

可以学习到如何搭建房屋。这些孩子的设计令人惊叹，激发了二人的雄心，如何让青少年的创造能力发挥更大的作用呢？于是，他们开始构建作为想象力平台的基础核心组件，于 2004 年正式成立了 Roblox，致力于打造一个新一代的平台，为人们提供一个更加人性化、让大家可以自由表达的平台，突破想象的极限，尽情地抒发个性，通过游戏创作，分享人生体验。

Roblox 简要介绍

Roblox 成立 17 年后，于 2021 年 3 月 10 日在纽交所上市（见图 1-7）。Roblox 既提供游戏，又提供创作游戏的工具（创造者开发工具 Roblox Studio），同时它有很强的社交属性，玩家可以自行输出内容、实时参与，并且还有独立闭环的经济系统。作为一个兼具游戏、开发、教育属性的在线游戏创建者系统，Roblox 中大部分内容是由业余游戏创建者创建的。如果我们有什么有意思的游戏构思，但无法获得商业资助，就可以通过 Roblox Studio，自主创作游戏，然后邀请其他玩家来参与。随着其他人的参与，游戏规则在玩的过程中逐渐形成与完善，也会随着小组成员约定的玩法而慢慢改变。

为满足游戏社区玩家的整体需求，Roblox 的创建者也会对游戏进行快速的更新和调整。正是由于游戏库能不断搭建、变化和扩展，Roblox 才如此受欢迎。用 Roblox 的官方表述来说，游戏不能被称作游戏，而叫作 Experience（体验）。截至 2020 年年底，Roblox 用户已经创造了超过 2000 万种体验，其中 1300 种体验已经被更广泛的社区造访探索。这些体验都由用户而非公司创造。

图 1-7 Roblox 的发展历程（图片来源：Roblox 招股书，天风证券研究所《Roblox 深度报告：Metaverse 第一股，元宇宙引领者》）

用户每天使用 *Roblox* 的时间为 2.6 小时，每个月约探索 20 种体验。2020 年第四季度，*Roblox* 的平均日活用户达到 3710 万。其中超过一半的用户年龄在 12 岁以下。9 岁至 12 岁的小朋友占比最大，达 29%。而 25 岁以上的青年人仅占 15%。

用户可以在手机、台式机、游戏主机和 VR 头盔上运行 *Roblox*。先注册创建一个免费的虚拟形象，然后就可以访问绝大多数的虚拟世界。用户可以通过游戏中的货币（Robux）来获取某一特定世界的最佳体验，或者买一些首饰和服装这类通用道具来凸显个性。2020 年，*Roblox* 的付费用户为 49 万。

Roblox 的经济系统是这样运行的：玩家购买 Robux，然后消费 Robux，开发者和创造者通过搭建游戏来获得 Robux，Robux 可以重新投入游戏中，也可以进行再投资，或者兑换现实世界的货币。在用户购买道具或者服装时，其支付的 Robux 是给该道具的开发者的，*Roblox* 在其中收取一小部分佣金。2020 年，超过 120 万名开发者赚到了 Robux，其中超过 1250 名开发者收入高达 1 万美元，超过 300 名开发者收入高达 10 万美元。不过开发者每年至少赚取 10 Robux 才

有资格加入把 Robux 转换成美元的"开发者兑换"计划。

公司把购买 Robux 的行为称为"booking",用 Robux 购买道具、服饰、装备或游戏体验后才能确认收入。2020 年 1—9 月用户累计充值 12 亿美元,其中消费 5.9 亿美元。公司预计 2021 年全年充值金额为 20—21 亿美元,消费 15 亿美元。2020 年,Roblox 营收 9.24 亿美元,同比增长 80.39%。

Roblox 公司增长很迅速,但未实现盈利。2020 年 Roblox 公司亏损 2.6 亿美元。亏损是 Roblox 公司对于平台、社区的维护所致,即给予创造者和开发者的分成奖励。这一部分的支出已经超过基础设施和安全成本,在总成本中占比最高。

成本结构也反映 Roblox 已经形成了飞轮效应。随着更多开发者创造出更好的内容,平台就会吸引来更多的用户。反过来,平台聚集的用户越多,就会鼓励越多的开发者通过 Roblox 接触其不断增长的用户群。

目前 Roblox 已经遍布 180 个国家,公司希望通过投资翻译辅助技术的方式渗透其他市场。此外,公司还正在通过与游戏和科技巨头腾讯成立合资公司,来探索中国市场的巨大潜力。①

Roblox 在资本市场的表现

2021 年 3 月 10 日,Roblox 通过 DPO 的方式在纽交所上市。上市前纽交所的参考价为每股 45 美元,对应市值为 295 亿美元。

---

① 本书中 Roblox 的简介参考了 VI 研究院的视频,特此感谢。

2021年3月11日收盘，Roblox市值上涨至400亿美元。上市股价一飞冲天，峰值达到每股103美元，相较上市前的估值，涨幅接近10倍，成为美国资本市场炙手可热的明星股。

2021年2月，因重仓特斯拉而实现惊人业绩的投资公司ARK Investment Management（以下简称ARK）在2021年度投资报告中提出了15个宏大而前景广阔的投资主题。其中之一，便是由虚拟世界联结而成的元宇宙。"牛市女皇"Cathie Wood（ARK CEO）约52万股的加仓拉动了Roblox的强劲表现。美国资产管理公司产品经理称，Roblox上市首日的火爆，反映了过去6个月来其他游戏公司和更广泛科技公司上市的情况，也说明二级市场的需求量很大。

Roblox的市值还一度超过老牌游戏公司电子艺界Electronic Arts（EA），且一直高于Take-Two。上述两家公司营收明显更高，且持续盈利。而Roblox已连续亏损多年，并且亏损幅度还在不断扩大。

资本市场表现完美的背后是引以为傲的经营数据。过去这两年，Roblox风靡北美，2020年Roblox在双平台的下载量达到1.6亿次，移动平台收入超过了11亿美元，并且成为2020年北美圣诞节期间收入最高的手游。

Roblox 首提元宇宙

科幻小说《雪崩》中描绘了一个被称为"元宇宙"的多人在线虚拟世界，用户以自定义的"化身"在其中进行活动。主角通过目镜设备看到元宇宙的景象，身处于电脑绘制的虚拟世界，其中灯火辉煌，数百万人在中央大街上穿行。元宇宙的主干道与世界规则由"计算机协会全球多媒体协议组织"制定，开发者需要购买土地的开发许可证，之后便可以在自己的街区布局大街小巷，建造楼宇、公园及各种有悖现实物理法则的东西。主角的冒险故事便在这基于信息技术的虚拟世界中展开。

元宇宙是指人们生活和工作的虚拟时空。Roblox 是首个将"元宇宙"写进招股说明书的公司。Roblox 提到，有些人把我们的范畴称为"元宇宙"，这个术语通常用来描述虚拟宇宙中持久的、共享的三维虚拟空间。随着越来越强大的计算设备、云计算和高带宽互联网链接的出现，"元宇宙"将逐步变为现实。Roblox 已经构建出了元宇宙的雏形，其被称为"元宇宙"概念股。

Roblox 还提出了通向"元宇宙"的八个关键特征，即 Identity（身份）、Friends（朋友）、Immersive（沉浸感）、Low Friction（低延迟）、Variety（多样性）、Anywhere（随地）、Economy（经济）、Civility（文明）。这也是第一家尝试概括描述"元宇宙"特征的商业公司。

Identity（身份）：每个人登录这个游戏之后，都会获得一个身份。我们在真实世界有一个身份，同时在虚拟世界也需要一个虚拟身份，虚拟世界的身份跟我们是一一对应的。每个人都可以在元宇宙中有一个"化身"，在《雪崩》中，这个化身被称为 Avatar（阿凡达），本书借用"阿凡达"指称每个人的虚拟身份。身份是构建起完整生态的第一步。

Friends（朋友）：元宇宙内置了社交网络，每个阿凡达的活动、交流都在元宇宙中进行。

Immersive（沉浸感）：沉浸感迄今为止是人机交互中被人忽视的一部分，虽然它经常在游戏环境中被提及，但是当你阅读一本特别引人入胜的书的时候，或是观看电影、电视节目的时候也可以有这样的体验。然而，沉浸于书中或者电影中的感受和沉迷于游戏中的感受是非常不同的。在大多数的媒体中，玩家会随着剧情的发展而非外界影响感知角色，因为这个角色的个性已经被作者或者是导演所决定。相反，在游戏中，玩家对游戏角色的控制及这种代入感成为影响游戏环境的重要因素。

Low Friction（低延迟）：游戏延迟就是数据从游戏客户端到服务器再返回的速度。网络状态越好，服务器响应越快；使用人数越少，延迟就会越低。在一些需要快速反应的游戏中，比如竞技类和RPG类对战，延迟对于游戏的影响很大。*Roblox*里的延迟就很低，因为都是较低像素级别，颗粒度很粗，这时候的计算量也就小一点，普通的电脑也能够承受，如果画面很精细，许多电脑的运转速度根本无法达到要求。

Variety（多样性）：虚拟世界有超越现实的自由和多元性。

Anywhere（随地）：不受地点的限制，可以利用终端随时随地出入游戏。

Economy（经济）：*Roblox*有自己的经济系统。当平台上有了足够的玩家与游戏开发者，在2008年，公司停止了自身的游戏开发，在平台上线了虚拟货币Robux，2013年*Roblox*又为开发者提供了虚拟商品。之后，*Roblox*不断优化这套类似现实世界的货币交易系统。对开发者来说，可以通过四种方式挣得Robux，即自己开发的付费游戏销售、在自己开发的免费游戏上获得玩家的时长分成、开发者间的内容和工具付费交易、平台上销售虚拟商品。如21岁的Alex，从9岁开始在Roblox上创作游戏，17岁时，他制作的一款游戏《越狱》

爆火，总计被玩过40亿次，靠着这款游戏里的皮肤、道具等售卖，Alex每年能赚取上百万美元。

Civility（文明）：Roblox里面也有自己的文明体系。我们在里面可以有生活，几个人可能组成社区，社区就组成了大的城市，认识乡村、城市，甚至各种规则——大家做出共同的规则，然后在里边共同生活下去，演化成一个文明社会，所以它是一个不断演化的过程。

元宇宙中逍遥游

元宇宙是人们生活、工作的沉浸式虚拟时空。在元宇宙中，需要重新思考存在和虚无、肉体和精神、性善和性恶、自我和宇宙的哲学命题，需要不断探索有限和无限、秩序与自由、自治与法治、经济与治理、伦理和文明的边界，需要全面融合区块链、AR、5G、大数据、人工智能、3D引擎等新技术，形成数字创造、数字资产、数字市场、数字货币、数字消费的新模式。元宇宙是"心"的绽放，是"梦"的具象，是"我思故我在"的全息展现。内求于心，外形于物，物物相生，元宇宙成矣。

在认知层，元宇宙突破了想象的极限，创造自由自在的世界（见表1-1）。元宇宙的世界都是由人们所思所想直接幻化而成的，是人类精神的外在表现，是"我心即宇宙，宇宙即我心"的三维呈现。元宇宙秉持共创、共享、共治的价值观，在生产力、生产关系、上层建筑领域具有了共产主义色彩。元宇宙经济则由数字身份、数字资产、数字市场、数字货币、数字消费等关键要素形成的完整经济体系。基本特征体现为沉浸式体验、自由创造、社交网络、经济系统和文明形态。元宇宙综合了人类在各个领域的尖端技术，包括区块链、5G、人工智能、3D 引擎、VR/AR/XR、脑机接口。这些基础构成了元宇宙的基础设施。

表 1-1　元宇宙的基础设施

梯次产业变革	游戏　展览　教育　旅游　设计规划 医疗　工业制造　政府公共服务
认知	我心即宇宙　宇宙即我心
基本价值观	共创　共享　共治
经济要素	数字身份　数字资产　数字市场　数字货币　数字消费
基本特征	沉浸式体验　自由创造　社交网络　经济系统　文明形态
技术基础	区块链　交互技术　游戏　人工智能　网络　物联网

文学艺术中的"元宇宙"

　　刘慈欣在一部科幻小说中，描写了先进的外星文明对地球的监视。从地球上的生物第一次凝望太空的时候，外星人就把地球列为技术可能爆炸式发展的危险之地，开始对人类展开技术封锁。生物探寻宇宙的历史，甚至超过了人类的历史。

　　以"心"为原点，向外探寻物理世界、浩瀚的星空；向内建立丰富的精神世界。向外的思维高峰，无疑是《三体》的《地球往事》《黑暗森林》《死亡永生》三部曲，展现了宏阔的时空，寻找宇宙的边界，一不小心就和心爱的人错过了几十万年。向内求的高峰，首推

《逍遥游》，无所持而游无穷，扶摇直上者九万里。摆脱所有世俗之物，超越时空的绝对精神自由。

"心"外的无尽探求，已经到达了历史的巅峰。介子须弥，人类在纳米级别蚀刻，极尽精微之事。巡天万里，从太空数度往返，开启宏阔旅程。"心"内的精神世界，更多是宗教、文学、艺术领域的创造。伟大的艺术作品往往包括完整宇宙观的构建。中国作品如《红楼梦》《西游记》等，西方作品如《荷马史诗》《哈利·波特》等。

《西游记》中对于"心"的描写，最为直观、典型。吴承恩处处留下暗示：孙悟空就是唐僧的"心"幻化而成的形象。孙悟空拜师学艺的地方，挂着一副对联："灵台方寸山，斜月三星洞。"灵台和方寸在道教中都是指"心"，斜月三星更是一个"心"字。可以说《西游记》记录了唐僧取经的历程，是以唐僧的心为原点，构建了"元宇宙"。

电影艺术中，最能给人带来直接观感和深刻启迪的，莫过于《黑客帝国》和《头号玩家》。这两部电影都在试图回答一个问题：何为真实？我们大脑感受的世界，是不是就是虚幻的世界？

心外到极致广大，心内到极尽精微，反而可能就是一体。我心即宇宙，宇宙即我心。

何为真实？

这是我2018年12月，去中国商用飞机有限责任公司（以下简称中国商飞）参观时拍的一张照片。我在ARJ21飞机的模拟舱中体验飞机驾驶的乐趣（见图1-8）。教练员观察了一下我的体格，只是启

图 1-8　作者赵国栋在 ARJ21 飞机的模拟机舱中

动了初级模拟程序,也就是巡航阶段的操控。当然我也有自知之明,如果开启模拟飞鸟撞击发动机的程序,我就得晕倒在模拟舱中了。

飞行员都是在模拟舱中训练,甚至有了实际的飞行里程后,还需要定期到模拟舱复训。因为在模拟舱中可以模拟飞行员平时在飞行过程中很难经历的场景。譬如飞鸟撞击发动机,导致一侧发动机失火,从而失去动力,该如何处理?

很多人都看过电影《中国机长》,刘长健机长驾驶四川航空3U8633 航班执行航班任务时,在万米高空突遇驾驶舱风挡玻璃爆裂脱落、座舱释压的极端罕见险情。像这样的险情,极少发生。但是在模拟舱中,可以真实再现这种极端情况,从而考查飞行员的应急能力和驾驶水平。

模拟舱和真实的 ARJ21 飞机一模一样,只是把机身、机翼换成了几个液压杆,模拟各种飞行姿态。一架模拟舱的造价并不便宜。中国商飞也只有两架模拟舱。对飞行员而言,执行飞行任务无疑是真实的。但在模拟舱中能体验真实飞行过程中几乎不会遇到的场景。虚拟世界中飞行的场景则更丰富。飞行员的学习和培训都是在模拟舱中完成的。

何为真实？"真实"这个词有语言的模糊性。无论是模拟舱还是飞机，给人的驾驶体验都是一样的。但是模拟舱可以给飞行员极端情况下的体验，当然，我们祈祷飞机永远不要给驾驶员极端的驾驶体验。

就体验的丰富性来讲，虚拟世界是远远超越物理世界的。对个人而言，无论是虚拟世界还是物理世界，体验都是真实的。

体验真实，感受真实，超越了物理世界，物理世界和虚拟世界的界限将不再清晰。

再看《黑客帝国》中的场景，都是电脑程序刺激大脑获得的信号。大脑的体验是真实的，所以尼奥无从分辨虚幻的世界，直到吃下墨菲斯手中的蓝色药丸（蓝色药丸代表物理世界，红色药丸代表虚拟世界，见图1-9）。

图1-9 电影《黑客帝国》剧照（图片来源：影片截图）

元宇宙中一个重要特性就是体验真实，超越物理世界。

元宇宙是精神世界的逍遥与物理世界的星空璀璨的奇妙融合。

5G、3D、VR等技术发展，把心即宇宙的心学认知，变成了超现实的虚幻存在。

如果把元宇宙定义为工作和生活的虚拟时空，其实还有很多符合这个定义的系统，不只是游戏和电影。只是电影带来的视觉冲击力和游戏带来的沉浸感，让我们更容易体验到自由自在的创造，释放无拘无束的天性，去感受那些在真实世界永远不可能发生的事情。

共创、共享、共治的价值观

在元宇宙中许多产品是"阿凡达"创造的，当然也存在一些阿凡达组成团队，推出一些制作精良的产品的情况。元宇宙中UGC（用户创造内容）是主流的方向，很难像管理员工一样管理阿凡达，因为难以制定时间明确的任务、确立考核指标。

但是成熟的游戏中，大都建立了"任务"机制，大家在游戏中完成任务，获得激励。激励可能是积分、游戏币，也可能是某些稀有的装备。换句话说，激励阿凡达创造，是不得不考虑的事情。因为这是元宇宙中"生产"的前提，同时也是满足玩家自我实现的精神需要。有了创造，才有可能形成产品。有了产品，就需要交换的场所。因此也就发展起数字市场。

共创是一起做蛋糕，共享是一起分蛋糕，共治是一起制定做大蛋糕、分好蛋糕的游戏规则。"共创""共享""共治"分别关乎生产力（共创）、生产关系（共享）、上层建筑（共治）三个元宇宙社会结构的根本方面。共荣则是从元宇宙整体来讲，达到的最终目标——元宇宙的繁荣。

共创和共享方面,一些企业都做得不错。譬如苹果给开发者分成;微软公司新推出的 Windows 11,号称开发者在其系统上创造的所有应用都免费,微软不会收取任何费用;抖音、哔哩哔哩等平台上,创作者也可以获得可观的报酬。

但是在共治方面,这些中心化的公司体制,几乎没有给共治留下制度空间。许许多多以区块链为底层技术支撑的去中心化应用,走在了前面。

用这三个价值观考察元宇宙第一股——Roblox,发现其"共治"价值观也没有得到很好的体现。共治,恰恰是区别新经济与旧经济、新理念与旧理念、新模式与旧模式的关键点。

关于元宇宙治理的问题,我们在第五章详细讨论。

元宇宙的经济体系

数字经济是以数据为主要生产要素的经济活动,既包含物质产品生产、流通、消费的内容,也包括数字产品的创造、交换、消费的内容。换句话说,无论是物质产品还是非物质产品,只要在生产、流通、消费的任何一个环节,利用数字技术或者数据,都是数字经济的范畴。而元宇宙经济严格限定数字产品的创造、交换、消费的所有环节,都必须在数字世界中完成。

元宇宙经济是数字经济的特殊形式,体现出元宇宙经济的特殊性。元宇宙经济同时是数字经济的组成部分,必然体现出数字经济的一般性特征。特殊性主要体现为"经济人"假设崩溃、认同决定价值而非劳动决定价值、边际成本降低、边际效益提高、交易费用趋近于零等特性。一般性体现为符合经济的基本原理,市场规模越大,经济就会越繁荣。

元宇宙经济要素包括数字创造、数字资产、数字市场、数字货币、数字消费。其特征明显区别于传统经济,表现为计划和市场的统一、生产和消费的统一、监管和自由的统一、行为和信用的统一。

元宇宙经济的特征决定了它是深入研究数字经济的绝佳样本。我们在元宇宙经济中得到的一些结论,放在数字经济体系中详加考查的话,结论未必和元宇宙经济完全相同,但对于建立我国的数字经济体系有深刻的启示意义。

元宇宙经济是很多平台型公司的必然选择。所有平台型公司或多或少都具备融入元宇宙经济的部分特征,尽管其表现形式略有差异。表1-2给出了不同类型元宇宙经济体系的对比。

表1-2 不同类型元宇宙经济体系的对比

名称	身份	设备	创造工具	创作类型	内容形式	数字市场	数字货币
iPod	Apple ID	—	LogicPro	PGC	音乐	iTunes	无
iPhone	Apple ID	—	Xtools	PGC	App	App Store	无
微信	微信号	智能手机	图文编辑	UGC	图文	分散市场	微信余额
抖音	抖音号	智能手机	视频编辑	UGC	视频	抖音	抖币
以太坊	提供身份标准	—	多种软件包	UGC/PGC	App	开放	ETH

续表

名称	身份	设备	创造工具	创作类型	内容形式	数字市场	数字货币
鸿蒙	华为ID	—	DevEco Studio	PGC	App	应用商店	无
我的世界	社交网络ID	智能手机	游戏内置	UGC	3D	游戏大厅	金币
Roblox	Roblox ID	智能手机/VR	Roblox Studio	UGC/PGC	3D	交易市场	Robux

关于元宇宙经济，将在第四章中详加讨论。

元宇宙的基本特征

关于元宇宙的特征，众说纷纭。Roblox 总结了八方面，去芜存菁，我认为有五方面可以囊括元宇宙的基础特征。

第一，沉浸式的体验。

抖音、微信、腾讯的游戏帝国也都是元宇宙。如果我们认为元宇宙是人们生活和工作的虚拟时空的话，为什么在微信、抖音如日中天的时候，我们没有提出元宇宙的概念，只是用"产业生态"这个词来形容微信、抖音构筑的商业帝国呢？

当然，我们也有沉迷于刷抖音的时候，甚至一刷就是一两个小时。但是没有人觉得自己是在另外一个"时空"。虽然我们的眼睛紧盯着几寸大小的屏幕，但是依然可以感受到屏幕以外发生的事情。在手机屏幕的方寸之间，并没有身临其境的感觉。

但是 VR 不同，当你戴上头盔的瞬间，就好像经过时空隧道穿越到另外一个时空，就像《头号玩家》里面的场景一样。

沉浸式的体验，给我们带来超越现实的震撼，从此与物理世界"阴阳两隔"。就像两个平行的宇宙，需要借助"虫洞"连接。穿越虫洞，就是另外一个宇宙。

记得电影《阿凡达》中，有一幕经典的画面。男主人公杰克双腿瘫痪，行动受限，但是他的化身阿凡达身体强健。当杰克第一次感受到阿凡达身体的时候，既惊诧又兴奋，动动脚趾，简直不敢相信这是自己的双脚。试着走几步，感受到真身萎缩双腿从未有过的体验。这种体验叫自由。于是他不顾劝阻，从医疗室跑到野外，忘情地奔跑，让风吹过面颊。他就像一个新生的幼儿，贪婪地感受着世界。

当我们看到飞鸟，无不羡慕它的一双翅膀，恨不得自己也有一双翅膀，随花飞到天尽头。相信观众看到阿凡达驾驭斑溪兽（潘多拉星球上的凶猛大鸟）自在飞翔的时候，会心生感叹，这才是人生，自由的人生（见图1-10）。

图1-10 电影《阿凡达》剧照，"阿凡达"们正在驾驭大型飞鸟

（图片来源：影片截图）

这种体验，非元宇宙而不可得。

第二，创造。

创造，本质上是精神生活。"两句三年得，一吟双泪流。"这是贾岛苦苦索句之后的内心独白。"满纸荒唐言，一把辛酸泪，都云作者痴，谁解其中味。"这是曹雪芹批阅十载、增删五次之后的感慨。

创造是快乐的，但是再细致入微的描写，也难以穷尽真实的景物。绘画、雕塑、建筑都是艺术，艺术之美，非言语可以尽述。

在元宇宙中，简单易用的创造工具，给了人们无尽的创造能力。创造只取决于人们的想象力。尤其是在元宇宙中，那种创世的感觉。

创造也是元宇宙经济的基础。没有创造，就没有资产；没有资产，则没有交易；没有交易，也就没有所谓的经济系统。

第三，社交网络。

"嘤其鸣矣，求其友声。"小鸟都知道找朋友，何况人呢？孤独、不被理解是人们面临的最大的精神危机。古往今来，人类最悲凉的情绪，莫过于此。岳飞说："欲将心事付瑶琴，知音少，弦断有谁听？"贾岛的"两句三年得，一吟双泪流"还有后两句："知音如不赏，归卧故山秋。"寻求同好，知音共鸣，这是人类的基因决定的。

社交网络是元宇宙的标配。国内以微信、国外以 Facebook 为代表的社交网络已经趋于成熟。抖音中内置了社交网络的功能。游戏中也同样如此。

第四，经济系统。

经济活动，是社会的基础。元宇宙作为虚拟的社会，同样离不开

"虚拟"的经济。经济系统非常重要，重要到有单独的一章来讨论，这里不再赘述。

第五，文明形态。

所谓文明，是人类社会行为和自然行为的总和。每个人都是"多面"的，孩子在父母面前的行为，与他和朋友在一起的行为是有很大的区别的。在元宇宙中，人们以阿凡达化身的面貌出现在朋友面前，很可能也代表了我们内心深处一些不一样的渴望。因此，元宇宙中形成的文明形态，既和物理世界文明形态有相似之处，也有许多不同。

因此，不同的元宇宙，很可能形成物理世界文明形态的不同投射。游戏《第二人生》和《堡垒之夜》的文明形态显然不同。

也正是这些不同的文明形态，反映了物理世界中文明的复杂性、多样性。正因如此，我们才能体验到不同的人生。

元宇宙的技术基础

元宇宙技术基础，可以用BIGANT（大蚂蚁）来概括（见图1-11）。B指区块链技术（Blockchain），I指交互技术（Interactivity），G指电子游戏技术（Game），A指人工智能技术（AI），N指网络及运算技术（Network），T指物联网技术（Internet of Things）。"大蚂蚁"可以说集数字技术之大成。从图中可以看到元宇宙对于数字技术的拉动作用。

通过AR、VR等交互技术提升游戏的沉浸感

回顾游戏的发展历程，沉浸感的提升一直是其技术突破的主要方

01 元宇宙即将到来

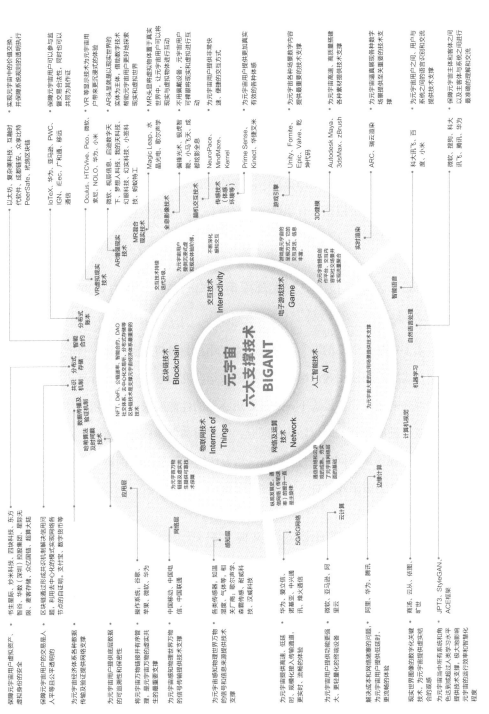

图 1-11　元宇宙 BIGANT 六大技术全景图（图片来源：中译出版社《元宇宙通证》）

027

向。从《愤怒的小鸟》到 CSGO，游戏建模方式从 2D 到 3D 的提升使游戏中的物体呈现立体感。玩家在游戏中可以自由切换视角，进而提升沉浸感。然而，3D 游戏仍然只能通过垂直屏幕展示游戏画面，玩家的交互操作也受制于键盘、鼠标、手柄等硬件工具，与元宇宙"同步与拟真"的要求相去甚远。未来，随着以 VR、AR 为代表的人机交互技术的发展，由更加拟真、高频的人机交互方式承载的虚拟开放世界游戏，其沉浸感也有望得到大幅提升，从而缩小与元宇宙成熟形态之间的差距。

通过 5G、云计算技术支撑大规模用户同时在线，提升游戏的可进入性

元宇宙是大规模的参与式媒介，交互用户数量将达到亿级。目前大型在线游戏均使用客户端软件，以游戏运营商服务器和用户计算机为处理终端运行。该模式下，对计算机终端的性能要求形成了用户使用门槛，进而限制了用户触达；同时，终端服务器承载能力有限，难以支撑大规模用户同时在线。而 5G 和云计算等底层技术的进步和普及，是未来突破游戏可进入性限制的关键。

通过算法、算力提升驱动渲染模式升级，提升游戏的可触达性

目前，3D 游戏采用传统的终端渲染模式，受限于个人计算机图形处理器（GPU）渲染能力，游戏的画面像素精细度与拟真效果仍有很大差距。为改进现有的渲染模式，提升游戏的可触达性，需要算法、算力的突破及半导体等基础设施产业的持续进步。

通过区块链、AI 技术降低内容创作门槛，提升游戏的可延展性

在专业生产内容（PGC）方面，第一方游戏内容是建立元宇宙的基础场所，而目前 3D 游戏在场景和人物建模上都需要耗费大量的人力、物力和时间。为实现元宇宙与现实社会高度同步，算法、算力及 AI 建模技术的进步有望提升 PGC 的生产效率。在用户生产内容（UGC）方面，第三方自由创作的内容，以及闭环经济体的持续激励，是元宇宙延续并扩张的核心驱动力。目前游戏 UGC 创作领域编程门槛过高，创作的高定制化和易得性不可兼得，同时鲜有游戏具备闭环经济体。因此，为达到元宇宙所需的可延展性，需要区块链经济、AI、综合内容平台等产业的技术突破。

谁来补苍天？

区块链与元宇宙，相互依存，不可分割。区块链提供了元宇宙基础的组织模式、治理模式、经济模式所必需的技术架构，更重要的是，区块链去中心化的价值观，与元宇宙"共创、共享、共治"的价值观完全一致，相互成就。

在物理世界中，作为上层建筑的政府，其作用无可替代。元宇宙在某种意义上是物理世界在数字世界的投射。但是很少有人愿意在元宇宙中给政府留个位置。尽管元宇宙的创世者们，并不是无政府主

元宇宙

义者。

西方有些思想家,把政府比喻成看门人,守护着社会的秩序和规则。当然政府的作用远不止于此。但是我们不得不考虑,元宇宙的创世居民(以 M 世代为主)有不少喜欢把反抗家长的权威作为追求自由的象征,如何引导他们积极健康地面对生活成为一个关键的课题。

既然是追求无拘无束的体验、驰骋天地的自由,为什么非要设计一个类似"家长"的机构呢?

但是元宇宙中,必须有规则,而且这些规则的执行,最好不必依赖某个中心化的组织。因此,区块链就派上了用场。

另外,构建真正统一的元宇宙,需要"跨宇宙"机制,保证在不同的宇宙中,都能以相同的身份活动,而不是成为一个个平行宇宙的分身。我们无法用游戏 A 的 ID 去登录游戏 B;游戏 B 的装备也无法在游戏 A 中使用。在玩家看来,它们就是永无交集的平行宇宙。

也许有些资产,譬如"皮肤",很可能是在不同的游戏中使用的。这些"资产"也就可以"跨宇宙"传播。

能提供这种跨宇宙传递数字资产的技术,目前只有区块链可以做到。NFT 就提供了一个解决方案的模本。

元宇宙为 NFT 提供丰富的应用场景

NFT(Non-Fungible Tokens)的英文直译是"非同质化代币"。但这个翻译本身的表达不是十分清晰。它是区块链的一个条目,代表了某个独一无二的数字资产如博物馆里的世界名画，或者一块土地的所有权。它是数字世界中的一种资产，独一无二、不可复制，同时也可以进行买卖，可以用来代表现实世界中的一些商品，但它存在的方式是数字化，保存在以太坊的区块链中。

许多人大力宣传，NFT是区块链最重要的应用场景，是推动元宇宙发展的重要力量。的确，NFT让我们看到物理世界的资产与数字世界资产联通的可能性，但是有个非常重要的问题，可能被NFT的拥趸们忽略——NFT的内在价值，缺少足够的共识。

一双袜子拍出15万美元，推特上最早的5个英文单词拍出250万美元，一幅将5000天每天发布的数码绘画作品汇集在一起的作品拍出6900多万美元，这些价格是依据什么制定的？

毫无疑问，单纯从上述NFT的基础物品（一双袜子、5个英文单词、一幅已发布数码作品的汇集作品）看，都不可能有这么高的价格！

那么，这些物品加上NFT作为加密的权益证明，就可以使其价格几十倍、几百倍、几千倍地升值吗？显然，一双袜子，无论使用何种权益加密技术，也难以使其价格过分上涨；推特上最早的5个英文单词的推送人更是尽人皆知，实际上是否需要类似NFT的权益证明都值得怀疑；一幅将5000天每天发布的数码绘画作品汇集在一起的新作品加上NFT权益证明（不代表对其归集的5000幅作品都进行了权益证明保护），就使其价格大幅上涨，并不存在合理的基础。

对这些高价格合理的解释只能是信仰的力量、炒作的结果。因此，有专家曾公开发文呼吁人们慎重对待NFT。很多人急于投资NFT，一个重要原因就是为了彰显自己在数字世界的领先地位并抢夺NFT升温后可能大幅升值的潜在收益，并会为此不遗余力地夸大NFT的价值，甚至进行相互炒作以抬高NFT的价格，竭力让更多的人相信并跟随投资，存在强烈的"传销"特性，投资风险是非常大的。

在元宇宙中，每个数字产品，都有真实的游戏玩家支撑。每个NFT可能很难代表实际的价值，却是玩家体验的真实记录。从这个意义来讲，元宇宙赋予NFT意义。

没有NFT，元宇宙同样得到发展，就像现在Roblox做的一样，然而元宇宙可以带动NFT成长，甚至规范其交易规则，并且渐渐趋于理性。

互联网进化的终极形态

蒂姆·伯纳斯-李在1990年发明了第一个网页浏览器，自此互联网开始蓬勃发展。苹果2007年发布第一代iPhone手机，互联网进入移动互联时代。PC互联网独领风骚17年，移动互联网也已历经14年。上网的终端从以PC电脑、笔记本为主，过渡到以智能手机为主。现在即将迎来新的变革，上网终端很可能从智能手机，逐步过渡到VR/AR等设备。这个大周期估计也将持续10到15年。

另外一条发展脉络就是前面提及的区块链。自从2009年比特币上线以来，区块链技术日益得到普及。从区块链衍生出来的治理模式、商业模式，叠加互联网的发展，构成一曲恢宏的乐章。

以 VR/AR 设备、区块链、游戏叠加形成的新的互联网形态，正呼之欲出（见图 1-12）。继 PC 互联网、移动互联网，即将过渡到元宇宙时代。

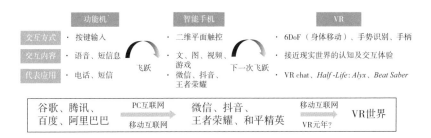

图 1-12　硬件设备内容形式对比（图片来源：天风证券研究所《Roblox 深度报告：Metaverse 第一股，元宇宙引领者》）

02

M 世代，元宇宙的创世居民

> You Only Live Once（只活一次，何不随心所欲？）
> ——网络流行语

M世代（Metaverse世代）是指和互联网同步成长的一代人。他们第一部手机是智能手机，第一次打开的应用是游戏，他们是元宇宙的创世居民。他们不仅重塑着元宇宙社会，也在改变着物理社会。他们正在引领这个时代。

"创造+分享"成为M世代自我实现的主要动力。在元宇宙中，创造仅受到想象力的限制，在元宇宙中生产无须担忧资源的枯竭，需要的就是想象极限的突破，得到的将是无尽的世界。

M世代是元宇宙经济主要参与者、推动者。M世代在元宇宙中的行为和物理世界中的行为并不完全相同，更多的是合作、分享，阿凡达没有自私的基因。传统经济学必须重新思考"经济人"假设。

科技繁荣、文化繁茂、城市繁华，现代文明的成果被层层打开，任由人们尽情享用。自由学习一门语言，学习一门手艺，欣赏一部电影，去遥远的地方旅行。很多人从小就在自由探索自己的兴趣，发展自己的爱好。很多人在童年就进入了不惑之年，不惑于自己喜欢什么，不喜欢什么。

……

因为你们，这世上的小说、音乐、电影所表现的青春就不再是忧伤、迷茫，而是善良、勇敢、无私、无所畏惧，是心里有火，眼里有光，不用活成我们想象中的样子。

我们这一代人的想象力不足以想象你们的未来，如果你们依然需要我们的祝福，那么，奔涌吧，后浪！我们在同一条奔涌的河流。

2020年五四青年节之际，哔哩哔哩发布了一个"献给新一代的演讲"——《后浪》。有评论说这个演讲"犹如给青年们的一封信，激荡起青春之声"。中国的年轻人正在以前所未有的势头在一种更多元、更丰富、更包容的新环境中猛烈成长着。

元宇宙

每个时代有每个时代的特征,时代的特征就是主流人群的特征。他们在青春期遇到的历史重大事件,塑造出一代人的精神,同样这一代人也在推动着历史的进程。

"60后",可能是最具西方精神的一代人,他们的青春时代,正是中国改革开放起始的年代。"70后",可能是最早的一代互联网人,中国第一封电子邮件发出的时候,这代人中最大的已经17岁了。而到了"00后",他们拿起的第一部手机,一定是智能手机,功能机只存在于上一代人的记忆中。

最年轻的这一代人,代表了世界的方向。尽管他们在上一代人眼中还很幼稚,但是他们的选择就是未来。

我们将在第四章讨论元宇宙经济学,其中有一个很重要的假设:元宇宙的阿凡达们没有自私的基因。这个特征其实和这些年轻人的经历、追求、精神等息息相关。

M世代的互联网纪年

日本社会学家岩原勉认为,群体是指"具有特定的共同目标和共同的归属感,存在着互动关系的复数个人的集合体"。我们总是习惯把一类具有相同特质的人归结为一个世代,比如说"80后"、

02 M世代，元宇宙的创世居民

"90后"、千禧一代①、X世代、Y世代、Z世代。我们将目光投向最具活力和可塑性的Z世代，在本书中，我们为他们换一个名字——M世代（Metaverse Generation），即生活在元宇宙的这代人，他们大约出生于1995年到2010年之间。这代人伴随着互联网一起成长，受到互联网、即时通信、短信、MP3、智能手机和平板电脑等科技产物影响很大。他们通常不畏权威、追求社交认同、注重自我实现、愿意为知识及喜欢的一切付费。他们是元宇宙世界的居民，他们与智能手机一起成长，智能手机的发展史就是他们的成长史。

根据QuestMobile 2021年发布的数据，截至2020年11月，"95后""00后"活跃用户规模已经达到3.2亿，占全体移动网民的28.1%，其线上消费能力和意愿均远高于全网用户。这代人，生活优渥，具有更强的消费意识，同时有更高的消费能力和消费意愿。他们，是技术迭代的早期消费者，是移动互联网中的重度用户，兴趣爱好极其广泛，是社交、娱乐、购物等方面的生力军。M世代的生活到底是怎么样的？我们将以1995年出生的M世代为例，将他们的生长轨迹和互联网发展中的一些大事件串联起来看，或许能看到一些端倪（见表2-1）。

---

① 有一种说法称千禧一代（Millennial Generation）为"M世代"，或者"多任务世代"（Multitasking Generation）、"多媒体世代"（Multimedia Generation），这代人的特点被归纳为可以在同一时间使用不同类型的即时网络通信工具，喜欢将大部分时间花费在社交媒体和网络游戏上，从这个方面来讲，这与"元宇宙世代"有异曲同工之处。

表 2-1　M 世代的生长轨迹对应互联网发展中的大事件

年份	M 世代纪年	互联网发展大事记
1995	0	雅虎 1994 年成立、亚马逊 1995 年成立； Java 发布； 邮电部电信总局接入美国的 64K 专线
1996	1	浏览器战争：网景公司和微软公司激烈竞争，争夺互联网入口； 中国公用计算机互联网（CHINANET）全国骨干网正式开通
1997	2	中国公用计算机互联网（CHINANET）实现了与中国其他三个互联网络即中国科技网（CSTNET）、中国教育和科研计算机网（CERNET）、中国金桥信息网（CHINAGBN）的互联互通
1998	3	电子商务、网络拍卖、网络门户网站开始火爆； 谷歌成立； 腾讯成立； 京东成立
1999	4	阿里巴巴成立； 网上银行火爆，招商银行开始提供网上银行服务
2000	5	百度成立； 网络泡沫破灭：大量网站倒闭
2001	6	中国网络游戏市场爆发； 电信改革方案获批准，"5+1"的电信格局形成
2002	7	第一届"中国互联网大会"在上海国际会议中心成功举办
2003	8	支付宝上线； 中国国家顶级域名".cn"下正式开放二级域名注册； 电子竞技正式成为我国体育项目
2004	9	Facebook 成立
2005	10	雅虎在中国的全部业务交给阿里巴巴经营管理
2006	11	校园社交网络火爆
2007	12	苹果发布第一代 iPhone，移动互联网时代来临
2008	13	北京奥运会； 我国首台超百万亿次超级计算机曙光上线

续表

年份	M世代纪年	互联网发展大事记
2009	14	工信部发放3G牌照； 比特币创世区块产生
2010	15	上海世博会开幕
2011	16	微信发布
2012	17	共享经济火爆； 中关村大数据产业联盟成立
2013	18	工信部发放4G牌照； 以太坊项目启动
2014	19	阿里巴巴在纽约证券交易所上市； Facebook收购Oculus引发VR/AR浪潮
2015	20	国务院印发《促进大数据发展行动纲要》，大数据成为国家战略
2016	21	短视频平台"抖音"上线
2017	22	人工智能写入国家战略发展政策
2018	23	中国召开首届进博会，宣布推出科创板
2019	24	中美贸易战； 工信部发放5G牌照，我国进入5G时代
2020	25	新冠肺炎疫情全球暴发
2021	26	元宇宙元年； Roblox上市

从表中可以看出，M世代几乎和互联网的发展同步。他们拿起的第一部手机就是智能手机；他们打开的第一个应用很可能就是游戏；他们发布的第一个作品很可能就是短视频。M世代塑造了互联网，互联网也塑造了M世代。

元宇宙

自我实现的世代呼唤

我们借用马斯洛的需求层次理论来观察 M 世代的心理需求。马斯洛的需求层次结构是心理学中的激励理论，流传比较广的五级层次模型，现在已经扩展到八级。本书中采用七级模型，自下而上分别是：

第一个层次的需求为生理的需要：食物、水分、空气、睡眠、性的需要等。它们在人的需要中最重要，最有力量。

第二个层次的需求为安全需要：人们需要稳定、安全、受到保护、有秩序、能免除恐惧和焦虑等。

第三个层次的需求为归属和爱的需要：一个人要求与其他人建立感情的联系或关系。例如人们积极进行社交活动，结交朋友，追求爱情。

第四个层次的需求为自尊的需求：希望受到别人的尊重。自尊的需要使人相信自己的力量和价值，使得自己更有能力，更有创造力。例如努力读书来证明自己在社会中的存在价值。缺乏自尊使人自卑，使人没有足够信心去处理问题。

第五个层次的需求为认知需求：知识和理解、好奇心、探索、意义和可预测性需求。

第六个层次的需求为审美需求：欣赏和寻找美，平衡、形式等。

第七个层次的需求为自我实现需求：人们追求实现自己的能力或

者潜能，并使之完善化。在人生道路上自我实现的形式是不一样的，每个人都有机会去完善自己的能力，满足自我实现的需要。例如运动员把自己的体能练到极致，让自己成为世界之最或是单纯为了超越自己；一位企业家认为，自己所经营的事业能为社会带来价值。

M世代，物质生活方面几乎从未经历匮乏，所经历的更多的是因为物质丰富而导致的选择困难。总体来看，M世代普遍在第一、第二层级已得到充分的满足。

M世代的需求更多集中在精神层面，希望与他人建立情感联系，希望被认可，持续学习关注新鲜事物，追求美、艺术、快乐，发挥自身潜能，不断地完善自己。

以M世代为主的社会中，物质非常丰富，虽然还没有达到理想的按需分配的状态，但在他们出生的那一天起，"短缺"根本就不存在。传统的经济学（相较元宇宙经济学而言）研究的对象是实物商品，制造有成本，容易受到原材料等资源的限制。M世代并不关心实物商品，而是关心实物商品上附加的"文化"属性，跟个人的感受、体验相关，和美、流行的趋势、朋友的选择相关。

在元宇宙中，虚拟商品极大丰富，完全可以实现按需分配。当然在具体的商业实践中，生产商人为地制造稀缺性，来吸引M世代的目光。

当面对极大丰富的虚拟商品的时候，M世代还是以利己为主要价值取向的经济人吗？

尽管M世代进一步被圈层化，形成流行的亚文化，但是总体上M世代是秉持着共享、共美的价值观。毕竟比萨饼，我多吃一块儿，你就会少吃一块儿，但是快乐是每分享一次，就多一份快乐。分享，是 M 世代鲜明的特征。

互助同样表现得非常明显。在一些团队合作的游戏中,"一个都不能少"的确是取胜的不二法门。队友一旦受伤,必须倾力相救,才能保持更高胜率。共享、互助是元宇宙中 M 世代的共同价值观。

圈层文化

加拿大哲学家查尔斯·泰勒指出,基于个人自主性的现代文化,源于社会的历史性转变:人获得空前膨胀的个人权利和自由,由此具有全新的自我理解。M 世代,就是这么一群标榜个性,崇尚自我理解、追求自我实现的人,他们有很多标签,有自己独有的圈层文化,如互联网原住民、敢赚敢花的"剁手党"、颜值主义、二次元、懒宅一族、朋克养生党等;他们善于表达,热爱分享,是潮流的引领者。他们用手机指挥商家上门服务,以外卖到家服务为主要表现形式;他们热爱亚文化,如动漫、网游等;他们一般每日外出时间少于 3 小时,上网时间多于 8 小时。在游戏中社交,寻找朋友和伴侣的情况也会时常发生,《微微一笑很倾城》[①]里的故事并不是空穴来风(见图 2-1)。

[①]《微微一笑很倾城》为顾漫的小说,后被改编成为影视作品,讲述了一对大学生情侣在游戏世界相遇、在现实世界相爱的奇幻爱情故事。

图 2-1 电影《微微一笑很倾城》宣传海报

M世代在懒宅人群中占比很大。根据 iiMedia Research（艾媒咨询）数据显示，2021年，中国二次元用户规模将突破4亿人。最受懒宅用户群体喜爱的产品有：视频、直播、外卖送餐、生鲜零售、电子阅读、游戏类的产品。懒宅群体对每日优鲜、盒马鲜生、饿了么、美团的偏爱体现了懒宅用户对"懒"的追求。腾讯视频、哔哩哔哩、虎牙、斗鱼、掌阅的受欢迎程度也体现了懒宅用户多样化的休闲娱乐需要。

消费者大数据分析师徐璐指出，青年消费理念已经超越了炫耀名牌、贪图虚荣和面子，反而更愿意取悦自己。[1]泡泡玛特的爆火就是一个典型的例子。泡泡玛特的CEO王宁曾说，泡泡玛特做的是马斯

---

[1] 曾昕.理性消费者，还是感性购物狂——"Z世代"消费文化解析[J].教育家，2021（23）.

洛需求理论上层的生意，用户买的不是刚需，而是文化（见图2-2）。"年轻人就是要及时行乐——买喜欢的衣服，吃想吃的东西，见想见的人，开心就是王道。"这似乎才是M世代的生活信条。

图2-2 在M世代中颇具人气的泡泡玛特盲盒（图片来源：泡泡玛特官网）

M世代崇尚颜值主义。他们动不动就把"颜值"挂在嘴边，毫不讳言自己的"颜值崇拜"，也是一种前所未有的景观。他们愿意为兴趣付费，腾讯QQ联合媒体推出的《95后兴趣报告》显示，"95后"年轻人称，为兴趣付费无可厚非。

有人为M世代梳理出16个亚文化圈层，分别是二次元、国风国潮、游戏电竞、潮玩酷物、硬核科技、御宅族、偶像圈、快文娱、cosplay、宠物、新舞音、新健康、新艺术、新教育、新竞技、街头野外。这些亚文化圈层有着极强的势能，只要持续关注它们，就能感知新时代、新文化、新消费的脉搏，发现各种新机遇，获得品牌的跨越式增长。①

---

① 陈格雷. Z世代的亚文化圈层大搜罗 [Z/OL]. https://t.qianzhan.com/daka/detail/210325-91d9232f.html, 2021-03-25[2021-06-21].

02 M世代，元宇宙的创世居民

突破想象的极限，创造无尽的世界

在物理世界中，创造是需要较长时间的练习的。古代制作家具、铁器、瓷器都是手艺，需要拜师学艺和匠心精神，但是在元宇宙中，创造只是一件和想象力有关的事情，其余所有的一切，软件都能帮你搞定。只要你能想得到，点点鼠标，敲敲键盘，就能轻而易举地设计并实现。无论你是计划建造一座摩天大厦，还是亲手设计一款芯片。元宇宙所有的物理法则、规则，都是人为设计的。人们不光是可以设计物体，甚至可以设计元宇宙本身，创造出形形色色的元宇宙。

自我实现和创造与欣赏紧密相关。自由自在地创造，如果没有人可以分享，创造也就失去了社会意义。给用户提供创作工具，并提供分享平台，是元宇宙的基本组成部分。

进一步延伸，就是数字创造产生的商业价值。NFT已经给出了证明，在虚拟世界中，创作的数字作品，是可以交易产生实实在在的收益的。*Roblox*中，玩家可以制作各类物品、皮肤，并在数字市场中，"卖"给那些需要的玩家。由创造进而分享，由分享进而交易，就是元宇宙居民自我实现的进阶之路。

从M世代的成长经历来看，他们几乎和互联网同龄。互联网中光怪陆离的事情就是他们日常生活的一部分。他们被互联网所塑造，同时他们也塑造了互联网。他们从未缺乏物质享受，但是面临选择的障碍。选择障碍的背后,其实是自我的缺失,以及对于自我认同的分裂。

M世代对于精神世界的追求,超越所有世代的人。物质需求已经退居次席。当精神需求占据需求的主导位置,整个社会可能就会为之一变。为什么一双普通的耐克鞋,只因为是和某某明星的联名款,就可能被炒作到数万元?这背后是M世代认同的力量。

这种认同来自某些精神层次的深度共鸣,来自M世代自我实现的心理诉求。这是改变社会的力量。

元宇宙注定是M世代的元宇宙,M世代注定是元宇宙的创世居民。他们相互塑造、相互影响,走在人类文明的最前沿。

03

游戏，寒武纪大爆发

> 你有过这种感觉没有，就是你吃不准自己是醒着还是在做梦。
> ——电影《黑客帝国》

游戏是人类文明的起点。席勒说："只有当人在充分意义上是人的时候，他才游戏；只有当人游戏的时候，他才是完整的人。"同时，游戏也是大自然赐予的学习方式，只不过，商业游戏的异化，掩盖了游戏的学习、教育功能。

游戏是元宇宙的雏形，将会综合艺术、文化、技术形成探索元宇宙文明的大潮。游戏必将担负起先行者、引领者的角色，拉动上游产业、带动相关产业，逐次进入元宇宙时代。

传统产业的发展，有必要借鉴游戏的思想；传统产业的数字化转型，必须融入游戏的元素。这也是进入元宇宙的必由之路。

大约 5 亿 4200 万年前到 5 亿 3000 万年前，地质学上将这段时间作为寒武纪的开始时间。在这段时间里，种类繁多的无脊椎动物化石突然出现。长期以来，在早期更为古老的地层中，人们并未发现其明显的祖先化石，这种现象被古生物学家称作"寒武纪生命大爆发"，简称"寒武爆发"。

当生物学家还在苦苦寻求证据的时候，哲学家似乎已经找到了答案。在复杂的系统中，突变是系统演化的常态。引起变化的因素经过长时间的积累首先表现为量的变化。直到某一时刻，由于受到一个微小扰动的影响，经年累月的量变就会迎来质变，系统也为之一新。演化便从此加速，进入新时代。

游戏，是文明的起源

玩而时学之，动物们的玩耍[①]

玩耍对于动物的生存至关重要，玩耍不但可以帮助它们练习将来

---

① 请参见：果壳网.学而时玩之：动物们的玩耍[Z/OL]. https://www.guokr.com/article/439441/,2014-11-11[2021-06-21].

用得到的本领，而且还有助于提高它们的运动协调性，增强它们的体力。从哺乳动物到灵长类动物，它们的幼崽都是在玩耍中学习将来生存的本领。由此可见，玩耍并非阻碍健康成长的因素，反而是动物成长中不可缺少的行为，是为生存打下基础的关键环节。

游戏，大自然赐予的学习方式

观察、模仿和游戏，似乎是孩子们学习的自然路径。从来没有人特意教孩子怎么用手机，尤其是智能手机、平板电脑之类。孩子们看着你用手指在屏幕上指指点点，他也就学着指指点点。每次"指点"手机有反应，孩子就会觉得有趣，跟着乱指、乱点、乱滑。观察、模仿和游戏是必须经过的阶段。因为教父母使用智能手机，确实是要"教"的，而且还很难教会。最关键的是，父母从不乱指、乱点、乱滑。然而，在看似乱来的过程中，一些新的操作手势可能就被孩子激活了，甚至成年人都不会用的操作，孩子很容易就掌握了。

在这样的学习中，规则被一点一点地建立。两个孩子玩耍中，就会发展出相处的规则。譬如，抢玩具是不行的。你抢他的玩具，他也会抢你的玩具。如果还想继续玩儿，就得学会不能互相抢玩具。

规则的建立，其实就是游戏的社会意义。在游戏中，人们学会如何与他人相处、如何与世界相处。棋牌、麻将和桌游是在现实世界进行的传统游戏。它们的社交性更强，除了娱乐性以外，也承载了很多信息交换和社交的功能。

中国古代的"六艺"——礼、乐、射、御、书、数，其实也是游戏，只是需要划归高雅的游戏。

古人有云:"尧造围棋,以教子丹朱。"孔子曰:"志于道,据于德,依于仁,游于艺。""游于艺"在根本上是解放人心灵的手段,是使人走向完整的人的必要方式。席勒说:"只有当人在充分意义上是人的时候,他才游戏;只有当人游戏的时候,他才是完整的人。"

但是现代的教育,却把游戏和学习对立起来。尤其是风靡一时的游戏大作,仅仅以满足玩家的快感、体验为重点,忽略了潜移默化的教育过程。而学习则变成循规蹈矩的重复练习,忽略了玩耍的学习效用。在元宇宙的多维时空中,游戏是否可以回归其本质?

游戏,文明的起源

荷兰语言学家和历史学家约翰·赫伊津哈(Johan Huizinga)著有《游戏人生》,其是第一部从文化学、文化史学视角切入,对游戏进行多层次研究的专著,阐述了游戏的定义、性质、观念、意义、功能及其与诸多社会文化现象的关系。

约翰·赫伊津哈明确指出:"文明是在游戏之中成长的,在游戏之中展开的,文明就是游戏。""在文化的演变过程中,前进也好,倒退也好,游戏要素渐渐退居幕后,其绝大部分融入宗教领域,余下结晶为学识(民间传说、诗歌、哲学)或是形形色色的社会生活。但哪怕文明再发达,游戏也会'本能'地全力重新强化自己,让个人和大众在声势浩大的游戏中如痴如醉。"

赫伊津哈认为,无论科学多么成功地将游戏的特征加以量化,在面对诸如游戏的"乐趣"这些概念的解释时,科学也束手无策。"大自然本可以轻而易举地以纯粹机械反应的方式将'释放过剩的精力''劳碌之后的放松''生活技能的培训''补偿落空的期盼'等这些有用功能赠予她的孩子——可大自然并未这么做。她给了我们游戏,给了我们游戏的紧张、游戏的欢笑,还有游戏的乐趣。"因此,我们不必探究影响游戏的自然冲动和习性,而要研究游戏这种社会结构的各种具体形式,"尽可能按照游戏的本来面目看待游戏"。

赫伊津哈首先指出,游戏超出了人类生活领域,因此它的产生与任何特定阶段的文明和世界观无关。在文化本身存在以前,游戏就已经存在,它在初始阶段伴随着文化,渗透进文化,直至我们当前所处的文明阶段。接着,他指出,游戏无法被直接归入真、善、美的范畴。因为游戏无法为人类所独有,故不以理性为基础。游戏处于智愚、真假、善恶对立之外,不具备道德功能,不适用于善恶评价。尽管游戏与美之间联系丰富,但也不能说美是游戏本身固有的。那么,如何界定游戏呢?他说:"我们只能到此为止,因为游戏是一种生存功能,我们不能从逻辑学、生物学或美学上对其加以精确定义。游戏概念必定始终有别于其他用以表述精神生活和社会生活结构的思维形式。"

他认为,人类和动物在一般意义上的游戏特征是一致的。就一般意义上的游戏而言,人类文明并未添加任何不可或缺的特征。但是对这种一般意义上的游戏,他并未深入探讨,只写道:"游戏中,某种超越生命直接需求并赋予行动意义的东西'在活动'(at play),一切游戏都有某种意义。"赫伊津哈主要探究的是人类群体性游戏的特征。"既然我们的主题是游戏与文化的关系,那就不必探究所有可能的游戏形式,让我们研究其社会表现形式即可。我们也可以称之为高等形式的游戏。"由此，他归纳出游戏的三个特征：一、游戏是自由的，是真正自主的。游戏是儿童和动物的自主行为，因为他们喜欢游戏。如果要说这种自主不存在，是本能驱使了他们游戏，这种假设游戏实用的做法犯了窃取论点（petitio principii）的谬误。二、游戏不是"平常"生活或"真实"生活。孩子们都心知肚明，"只是在假装"或"只是好玩而已"，但这并不会使游戏变得比"严肃"低级。然而，游戏可以升华至美和崇高的高度，从而把严肃远远甩在下面。三、游戏受封闭和限制，需要在特定的时空范围内"做完"（played out）。"游戏有时间限制，但它和文化现象一样具有固定形态，可以形成传统。""游戏的进行受到空间限制。竞技场、牌桌、魔环、庙宇、舞台、银幕、网球场和法庭等在形式和功能上都是游戏场所，即隔开、围住奉若神明的禁地，并且特殊规则通行其间。它们都是平行世界里的临时世界，用于进行和外界隔绝的活动。"赫伊津哈还探讨了封闭的游戏场所内的秩序与规则，认为游戏创造了秩序，甚至游戏就是秩序。"它把暂时的，受约束的完美带进残缺的世界和混乱的生活。"无视规则，就会成为"搅局者"，而"搅局者"比"作弊者"威胁更大，因为其破坏了游戏世界本身。

在探讨完游戏的特征后，赫伊津哈开始论述这种高等形态游戏的功能。"高等形态的游戏功能主要来自两方面：一是为某样东西竞赛；二是对某样东西再现。而通过游戏以'再现'竞赛，或游戏成为出色再现某样东西的竞赛，这两种功能就合二为一了。"这里，他重点探讨了宗教表演。我们也可借此窥见他是如何分析文化的游戏要素的。赫伊津哈认为宗教表演"以再现来实现"（actualization by representation），并处处保留着游戏的特征。他引用了德国人类学家弗洛贝尼乌斯的观点："远古人类以祭祀戏来表演万物运行的博大秩序，在祭祀戏中再现了游戏中再现的事件，并借此帮助维护宇宙秩序。"但赫伊津哈认为弗洛贝尼乌斯在谈游戏用于再现某种天象并以此令其发生时，"某种理性的成分混了进来""似乎偷偷重新认可了他强烈反对过的，与游戏本质水火不容的目的论""在他看来这一事实是次要的，至少从理论上看，激情可以用其他方式传达。而我们认为，恰恰相反，全部的要点就在于游戏"。赫伊津哈进而认为，这种宗教的仪式表演和儿童游戏、动物游戏在本质上没有不同。"游戏特有的所有要素（秩序、紧张、运动、变化、庄重、节奏、痴迷）在古代社会游戏中早已具备，只是在稍后的社会阶段，游戏才与'在游戏中并通过游戏表达某样东西'的观念联系在一起，人类认为自己扎根于万物的神圣秩序中，借助了游戏的形式和功能，这种意识找到了最初的表达，也是最高级、最神圣的表达。而游戏自身则是无意义、非理性的独立实体。宗教活动的意义渐渐渗透进游戏，仪式本身嫁接其中，但根本之物还是游戏，也一直是游戏。"

我们似乎预估到了读者的反应，仪式的严肃是崇高而神圣的，那这还能算游戏吗？赫伊津哈在此借用了柏拉图的观点："极度严肃唯有神配得上，而人是神造的玩偶，那就是人的最佳用途。因此，男男女女都要照此生活，玩最高尚的游戏，并达到有别于当前的另一种精神境界。"他极其赞赏柏拉图这种把游戏等同于神圣，并称神圣为游戏的观点，认为我们在游戏中"既可以在严肃的层面下活动，也可以在这之上活动——在美的领域和神圣的领域活动"。但是赫伊津哈也在提防我们过度延伸游戏的概念，认为所有的宗教仪式，如巫术、礼拜、圣餐和秘仪等活动全是游戏。"涉及抽象概念时，务必不

03 游戏,寒武纪大爆发

要牵强附会,玩文字游戏。"赫伊津哈在论述仪式是游戏的观点时是极其小心的。他一步步地追问:"游戏与仪式的相似是否纯粹限于形式?""以游戏形式进行的这种宗教活动,在多大程度上是以游戏的姿态和心态进行的?""游戏的本质特征之一,即'只是在假装'的意识,与虔诚举行的仪式活动在多大程度上兼容?"并且,他引用了人类学者们的关于节庆、古代宗教仪式、野蛮人仪式的大量研究,最后得出:仪式就是柏拉图所谓的游戏。"我们追随他,决不放弃圣洁的神秘体验,并坚持把这种体验视为逻辑思维认识不到的最崇高的情感。"

可以说,赫伊津哈是想用游戏为人类的文明寻找出路。在赫伊津哈的另一部著作《中世纪的衰落》中,他指出三条实现美好生活的道路:宗教的彼岸理想、现实世界的改进和梦境,也就是超现实的途径。而《游戏的人》正体现了他的第三条途径,也就是超现实的途径。他没有仅仅将游戏视为对现实的逃避。在他看来,游戏体现了人类超越现实的冲动。"如果认为世界完全受盲目力量支配的话,游戏就纯属多余了——只有精神的洪流冲垮了为所欲为的宇宙决定论,游戏才可能存在,我们才能想象游戏、理解游戏。正因为游戏的存在,人类社会超越逻辑推理的天性才被不断证实。"

历史学家罗伯特·贝拉(Robert Bella)认为:人是唯一不能百分之百地生活在现实中的物种。我们总是要通过各种方式去脱离现实、超越平庸。游戏和做梦、旅游、艺术活动等一样,都是我们超越现实的手段,或许这才是游戏对于人类真正的意义。

游戏，是元宇宙的胚胎发育期

元宇宙是互联网发展的下一个形态，各行各业都会受到影响。每一个时代，都会有一个先导产业爆发式增长，带动其他要素发展，其他要素进一步促进相关产业的发展，从而形成正反馈，社会便加速进步。我们首先回顾一下工业时代的先导产业，以及工业革命发生的顺序，这有助于我们预测元宇宙的发展。

棉花产业带动了工业革命

如果要问什么产业代表工业力量，大家都很容易地想到空间站、火星车、飞机、巨轮、原子弹等。但是从哪个产业开始，才引发了伟大的工业革命呢？

早在18世纪，英国开启了第一次工业革命。在工业革命之前，农业和手工业占据英国经济的主体地位。所有的经济活动中，生产食物、衣服和住房是最基本的，而在所有天然衣服纤维中，棉纤维是最具柔韧性和最易由机器控制的。与生产粮食和建造房屋相比，纺织劳动更为轻便，更少依赖天气、季节、光照等自然条件，也更容易采用简单重复的动作来完成，比如纺纱、织布等。因此，此类活动也就更容易利用低成本的工具实现机械化。与其他轻工业消费产品（如珠宝、陶瓷、家居产品等）相比，纺织品的市场潜力最大，消费弹性最强。纺织品既可以做材料，也可以做成最终消费品。纺织品市场能随着人们收入的提高而快速增长，轻松支撑大规模生产，并因为其技术简单而能促进竞争下的创新。在工业革命开始前的 14 世纪，英国政府就已经帮助英国培育全球的纺织品市场将近百年。18 世纪初，英国已经创建了最大的欧洲纺织品市场，并拥有数量最多的纺织品原始工业。[①]

英国的工业革命率先从棉纺行业开始，并且，只有具备高收入弹性需求的巨大市场，才能够刺激并维持机械化大规模生产。

工业革命一旦起步，连锁反应便开始了。卡尔·马克思曾在《资本论》中说过："机械纺纱机造就了机械编织，并且二者在漂白、印刷、印染方面的化学革命势在必行。同样地，为了分离种子和棉纤维，棉纺革命催发了轧棉机的发明。只有通过这个发明，当时所需要的大规模棉花生产才成为可能。"

19 世纪的英国有着广阔的地理空间，贸易量和商品配送需求大规模增长，自然而然带动了其他领域的工业革命，产生了煤炭、钢铁、蒸汽机、电报，以及公路、铁路、轮船等运输工具。

一旦劳动分工形成，需求和供给便相互分离且不断细分。需中有供、供中有需，俨如"阴阳"，相辅相成。一方面，市场需求和供给双方随即也会开展一场相互创造、相互追赶的竞赛，各自的发展螺旋式上升。机械化的每一步都提高了生产规模，并且更大的生产规模就需要更大的市场来消费。换句话说，生产能力的每次扩展，需要更多

[①] 文一.伟大的中国工业革命——发展政治经济学一般原理批判纲要［M］.北京：清华大学出版社，第 98 页.

的需求来吸收，从而激发资本家进入新的大陆，创造新的市场。另一方面，市场的每一次扩展都会使得新一轮的机械化有利可图。同时，一个领域的机械化变革，会使相关产业产生类似的需求和激励。增长带来更多的增长，扩张导致更大的扩张。

第一次工业革命对于能源的需求，刺激了第二次工业革命的到来，我们至今仍在享受工业革命的成果。

棉花纺织业作为工业革命的先导产业，拥有几个特征：第一，行业空间足够大。第二，行业需求无上限。第三，产业链条足够长，可以引起变革的连锁反应。第四，需要的技术多，可以促使技术成熟，产生外溢效应。

其实，早在英国第一次工业革命之前，荷兰造船业的分工就已经足够细致。但是，当时的造船业不足以开拓巨大的市场，先进的造船业只能培育出优秀的工匠。如果想要引发工业革命连锁反应的浪潮，造船业显然力不从心。尽管在17世纪，荷兰就已经雄踞世界，国力压过英国一头，但是担负第一次工业革命使命的国家，还是英国。历史注定选择棉纺织业作为第一次工业革命的先导产业，而不是渔业等产业。

游戏孕育了元宇宙

任何大的时代变迁，都有现象级的行业发展，形成示范效应。棉纺织产业的特征几乎和现代游戏产业的特征一模一样。

首先，产业空间大。2020年12月17日，中国游戏产业年会现场，中国音像与数字出版协会第一副理事长张毅君公布了《2020年中国游戏产业发展状况》。从几年的大数据来看，游戏行业依然保持着高速增长，2020年的总收入为2786.87亿元，比2019年增加了近500亿元，用户数量也在稳定增长。这说明，和所有人都有保暖避寒的需求一样，所有人也都有娱乐休闲的精神需求。

其次，消费弹性空间大。爱美的女士，可以一天换一件衣服。常有消费主义者鼓吹"美女的衣橱中永远少一件合适的衣服"这种说法。游戏也一样，人们总是喜欢尝鲜，体验不一样的东西。需求几乎是没有上限的。

再次，产业链条长。棉纺织业上游有着棉花种植、采摘、轧棉、纺纱、织布、印刷和印染等环节。游戏软件包括设计、开发、发行；硬件包括主机、芯片、操作系统。此外，还有通信，包括5G、光纤等。

最后，对相关产业的带动性非常强。棉纺织业带动了上游的农作物种植、机械制造、运输、化工等产业。游戏玩家都深有体会的是，游戏硬件总是跟不上游戏的需求，需要更好的3D引擎、CPU（中央处理器）、GPU（图形处理器）、显示屏、VR和AR等。

作为元宇宙的雏形，大型游戏一般都具备如下五个特征。

（1）基础的经济系统：游戏中建立了和现实世界相似的经济系统，用户的虚拟权益得到保障，用户创造的虚拟资产可以在游戏中流通。

（2）虚拟身份认同强：游戏中的虚拟身份具备一致性、代入感强等特点，用户在游戏中可以以虚拟身份进行虚拟活动。游戏一般依靠定制化的虚拟形象和形象化的皮肤，以及形象独有的特点让用户产生独特感与代入感。

（3）强社交性：大型游戏都内置了社交网络，玩家可以及时交流,既可以用文字沟通,也可以语音,甚至可以视频。

(4)开放自由创作:游戏世界包罗万象,这离不开大量用户的创新创作。如此庞大的内容工程,需要开放式的用户创作为主导。

(5)沉浸式体验:游戏作为交互性好、信息丰富、沉浸感强的内容展示方式,将作为元宇宙最主要的内容和内容载体。同时,游戏是VR虚拟现实设备等最好的应用场景之一。凭借VR技术,游戏能为用户带来感官上的沉浸体验。

国盛证券研究报告从开放自由创作、沉浸式体验、经济系统、虚拟身份及强社交性方面分析了Roblox、Decentraland、Soul、《我的世界》《魔兽世界》《堡垒之夜》《王者荣耀》这些项目与元宇宙概念的关系[①]。报告显示,Roblox的玩家在创作游戏时具备极高的自由度,平台具备全面且与现实经济互通的经济系统。虚拟资产和虚拟身份可以在游戏内容间互通,创作者可以在自己游戏中设计商业模式。Roblox的模式已经可以看出元宇宙的雏形。《我的世界》在开放自由创作方面接近元宇宙,而在其他方面较有差距。《魔兽世界》在虚拟身份代入感、社交性和体验感方面都靠近元宇宙概念。《堡垒之夜》具有很高的人气。Decentraland在经济系统上更为接近元宇宙的形式。《王者荣耀》具备一定的虚拟社交属性,但与元宇宙的概念差别较大。Soul只在社交性和虚拟身份方面与元宇宙的概念有些许关联。

元宇宙的基本特征,在游戏世界中得到精彩的展现和诠释,但是并没有一款游戏能完全达到理想的元宇宙状态。从这点来讲,游戏不过是元宇宙的雏形,但是从游戏角度出发,我们可以充分理解元宇宙。

---

① 具体请参见国盛证券研究报告《元宇宙:互联网的下一站》。

游戏,拉动上游产业的发展

与元宇宙游戏相关的产业链(或说价值链),可以划分为七个方面,自下而上分别是基础设施、人机交互、去中心化、空间计算、创造者经济、渠道和体验(见图3-1)。

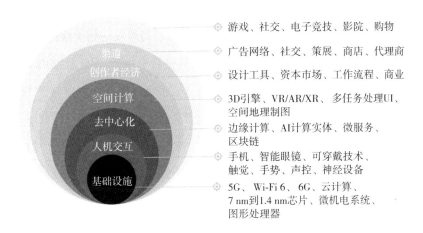

图3-1 Metaverse的七层价值链(资料来源:Roblox招股书)

基础设施包括5G通信、Wi-Fi 6、云计算、芯片工艺、微机电系统、图形处理器等。人机交互包括手机、智能眼镜、可穿戴设备、触觉设备、手势感应装置、声控、脑机接口等。去中心化包括边缘计算、AI、微服务、区块链等。空间计算包括3D引擎、VR、AR、XR、多任务处理UI、空间地理制图等。创造者经济包括设计工具、资本市场、工作流程、商业系统。渠道包括广告网络、社交网络、策展、商店、代理商等。体验包括游戏、社交、电子竞技等。

虽然,游戏不过是元宇宙的雏形,但是游戏的发展,全面带动了元宇宙所必需的技术基础和经济系统。这些技术的外溢,甚至是游戏体现的生产关系的外溢,会引起相关产业一系列的变化。我们择其紧要者,略作分析。

游戏和 5G

视频之于 4G,就像游戏之于 5G。它们相辅相成,共同促进。事实上,如果缺少游戏对于大带宽、低时延、高并发的相关应用,5G 铺设的速度就会越来越慢。毕竟大家只是看个视频,4G 就够用了。业界曾认为,自动驾驶可能是 5G 的"杀手级"应用,可以刺激 5G 的增长。虽然电动汽车越来越多,但是自动驾驶的普及还尚需时日。工业、矿业中 5G 应用案例也已经比比皆是,但是仅仅依赖生产中的一些场景来带动 5G 的发展,无疑是非常吃力的。必须是消费级市场的普及型应用,才能拉动 5G 产业。

游戏,成了 5G 应用的重要选择。

"真 VR"需要 5G。

影响用户体验的主要是视频分辨率、帧率、头部 MTP 时延、操作响应时延和肢体 MTP 时延等,其中后三者的体验可以通过芯片算力提升、传感器优化、数字接口优化和操作系统优化等实现,而分辨率和帧率等因素主要影响用户临场感、逼真度和眩晕感,这些参数与图像渲染和视频质量有关。

只有当 VR 达到 16 K 之后,肉眼才察觉不到纱窗效应,也就是接近肉眼的"完全沉浸感"。16 K 像素点约 1.3 亿，如果以 24 真彩色为标准，默认 140 Hz FPS 下，每秒的原生视频流量达到惊人的 138 Gbps。因此，随着 VR 硬件的提升，如果我们要摆脱有线的束缚，必须探索大带宽低时延的无线网络及高效的视频压缩算法。

根据华为报告测评，在水平视域 110 度，自由度 6 DOF，视频基于 H.264 编码下，单眼 1.5 K、FPS 60 为"入门级"水平，这时需要的带宽是 25 Mbps。而单眼 2 K 和帧率 90，将作为未来的体验提升目标，这时需要的带宽是 153 Mbps。而如果用户体验达到理想水平，需要达到单眼 6 K、帧率 90 的水平，此时需要带宽 1.4 Gbps，因此 5G、千兆宽带和 Wi-Fi 6 等下一代接入方式必不可少。

表 3-1 不同单眼分辨率不同帧率对应的平均码率和视频体验得分

（资料来源：华安证券研究所《华为云 VR 临场感指数白皮书》）

单眼视频水平分辨率	帧率（FPS）	平均码率（Mbps）	视频质量	视听逼真度
1K	60	25	2.43	3.10
1K	90	38	2.65	3.23
2K	60	102	3.43	3.68
2K	90	153	3.74	3.86
3K	60	229	3.89	3.95
3K	90	343	4.24	4.15
4K	60	407	4.12	4.08
4K	90	610	4.49	4.29
6K	60	916	4.33	4.20
6K	90	1442	4.73	4.43

在 5G 方面，根据爱立信移动报告，2021 年全球 5G 用户渗透率大概能达到 10%，至少到 2025 年，5G 渗透率达到 40% 左右才有可能

看到 VR 室外规模商用。宽带方面，根据网速测试工具 Speedtest 分析，2021 年一季度全球前十大网速领先国家网速约为 200 Mbps，目前仅能支持 2 K、90 FPS 的 VR 体验，千兆宽带的普及具有很大价值。

5G 才能支持"云游戏"

　　云游戏是一种以云计算和串流技术为基础的在线游戏技术，其游戏的逻辑和渲染运算都在云端完成。数据处理完成后，结果被编码成音频流、视频流，通过网络传输给终端，终端则将用户的操作信息传输给云端，进行实时交互。云游戏支持用户使用随身携带的移动设备随时随地享受 3A 级游戏大作的极致体验，打通大型游戏的终端壁垒。而其中延迟程度的高低将直接影响云游戏的用户体验，因此网络显得尤为重要。伴随着 5G 技术的成熟，云游戏最关键的网络问题迎刃而解。

　　一些大型的桌游对硬件的配置要求很高。普通的办公用笔记本根本无法满足大型游戏的需求。随着 5G 的发展，我们现在可以把大量的计算放在云端完成，电脑端只需要显示网络传输的画面即可，这就大大降低了对于电脑的配置要求。甚至在手机和平板电脑上，我们也可以玩大型游戏。

　　云游戏主要有五个核心技术：GPU 服务器、虚拟化、音视频技术、实时网络传输和边缘计算。目前各核心技术均已趋于成熟。

游戏和 VR

需要 VR/AR 设备在用户体验方面不断进步

　　2018 年，美国一项针对专家的调研显示，在影响 AR 和 VR 普及的各类因素中，用户体验被视为最主要的因素。选择这两项的受访者占比分别达到39%和41%（见图3-2）。如果设备性能不过关，用户体验感就会大打折扣。作为未来进入元宇宙的第一入口，AR和VR目前仍须在软硬件上不断做出优化。

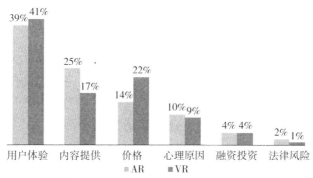

图3-2 用户体验是影响AR/VR普及的主要瓶颈

（资料来源：eMarketer、华安证券研究所）

以VR设备为例，目前主流产品类型包括VR手机盒子、VR头显和VR一体机。市面上VR设备的分辨率最高支持到4 K。如上所述，若要达到人眼最自然的清晰度，则需要16 K的水平。高刷新率可以提高画面的流畅度，减少延迟和重影，一定程度上减轻人们使用VR设备时产生的眩晕感。最理想的刷新率是180 Hz，而目前大部分VR头显刷新率为70 Hz至120 Hz。

对于轻便性需求，刺激无线串流技术发展

为了实现VR头显的轻便，并解决空间移动问题，无线串流是VR产品设计须着力解决的方向。目前主流的无线串流技术主要是Wi-Fi和私有协议，前者将PC（个人计算机）的GPU渲染并压缩过

的数据通过 Wi-Fi 路由器传送至头显，通常需要千兆路由器才能有比较流畅的体验。由于技术的不成熟，目前存在额外延迟、画质损耗、高性能消耗及其他不稳定因素。后者是通过设备厂家自己研发的压缩算法和通信协议进行传输的。例如，使用 VIVE 无线套件及 WiGig 配件，可以让我们实现电脑和 VR 头显延迟小于 7 ms，但需要架构额外的 WiGig 加速卡，增加了用户的成本。

表 3-2 主要 VR 内容平台概况

（资料来源：映维网、VR 陀螺、青亭网、搜狐网、华安证券研究所）

平台	所属公司	VR 内容丰富度（括号内为统计截止日期）	用户数据	覆盖领域
Steam VR	Valve	游戏+应用共计 4906 款（2021 年 4 月）	月活 204.68 万（2020 年数据）	游戏
Viveport	HTC	约 2700 款（2019 年 8 月）	周活超 10 万（2017 年数据）	游戏、教育等
Rift	Oculus	游戏+应用 1779 款（2021 年 4 月）	/	游戏
Quest	Oculus	游戏+应用 268 款（2021 年 4 月）	/	游戏
天翼云 VR	中国电信	上万部视频内容（2020 年 10 月）	总活跃用户 350 万（2020 年 10 月数据）	视频
RecRoom	RecRoom	75 款小游戏（2018 年）	月活数超 100 万（2021 年 1 月数据）	游戏
PlayStation VR	索尼	约 500 款（2019 年 3 月）	月活数约 8 万（2018 年数据）	游戏
Veer VR	VeeR	超 250 款（2018 年 10 月）	/	视频

续表

平台	所属公司	VR内容丰富度（括号内为统计截止日期）	用户数据	覆盖领域
Pico	小鸟看看	100多款（2021年2月）	用户月活率55%+（2021年3月数据）	游戏

在游戏的带动下，VR/AR出货量持续攀升（见图3-3），全球VR硬件市场规模快速增长（见图3-4）。

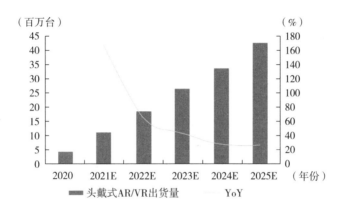

图3-3　2020—2025年AR/VR头显出货量CAGR 53%

（资料来源：Trendforce、华安证券研究所）

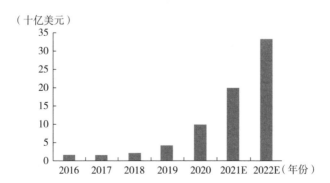

图3-4　2020—2022全球VR硬件市场规模快速增长

（资料来源：Statista、华安证券研究所）

游戏和数字货币

从经济视角来看,每一款游戏都是"体验+消费",而符合元宇宙特征的游戏,还要增加"创造"一词。创造和消费也就促进了基础的价值循环。更进一步,现代所有的游戏,都是一个"虚拟的经济体",在游戏营造出的虚拟世界中,都需要"消费"通行的"货币"。"氪金"作为网络的流行语,在游戏中,是指向游戏中"充值"的行为。

事实上,拥有"氪金"的游戏,就是一个独立的经济体。

游戏的商业模式,也经历了几个变迁过程。最初,游戏和其他软件销售一样,销售游戏光盘,玩家一次付费,终身使用。游戏有着和其他物品类似的商品属性。卖游戏就像是卖书一样。

盛大代理《传奇》是一个里程碑,开始了游戏点卡充值的时代。人们不再像卖书一样卖游戏了,而是变成按时长收费,时间不够了要充值。这个阶段很短,很快过渡到卖道具的阶段。

也就是说,游戏不收费,不设时间限制,可以任意玩儿,但是如果你需要一件新的"宝贝"或者新的"衣服"(皮肤),就得花钱购买。充值,就成了玩家的常态,甚至引申出"氪金"这个颇具朋克色彩的网络流行语。现在,很少能找到没有"氪金"的游戏。

游戏的商业模式发展到这个阶段,其实还是用户方面的消费行为。只是从一次性付费,变成持续性付费。充值后,也没有"退款"选项。玩家和游戏厂商都默认玩家早晚会消费掉所有"氪金"。

Roblox做出了一个大胆的创新,就是用户充值后可以取现。这是一个石破天惊的举动,就算是在金融创新、金融衍生品令人眼花缭乱的美国,也是颇具争议的行为。这给金融监管带来一个很严肃的话题:

03 游戏，寒武纪大爆发

如果涉嫌洗钱该如何处理？这个话题，我们将在第五章继续讨论。

在 Roblox 中充值可以取现的规则，就和我们出国换外币一样。去其他国家旅行，机场往往有一个货币兑换的柜台，可以把人民币换成其他国家的货币。如果去越南，就换成越南盾，去美国就换成美元。回国的时候，再把越南盾或者美元换成人民币。货币兑换是有手续费的，以此限制大家不能兑换太多。就算有人财大气粗，不在乎那点手续费，还有总额限制，并且单次也不能兑换过多。

每个国家都有自己的货币，无论国家大小，货币是一个国家主权的象征。如果一个国家没有自己独立的货币，则根本称不上是一个独立的国家，一定是某个大国的附庸，徒具国家之名而已。

有了统一的货币，就算不是一个国家，也会成为联系紧密的经济体。欧元就是现实的例子，但是，把千年以来就互相独立的国家统一成一个国家，难度太大。他们退而求其次，先把货币统一，这就有了欧元。

Roblox 内部发行了 Robux 货币，为了行文方便，我们简称它为"萝卜币"。在游戏中购买道具，只能使用"萝卜币"。在游戏中制造道具，可以出售。这样玩家在游戏中可以赚"萝卜币"。退出游戏时，可以把"萝卜币"换成美元。

有了"萝卜币"，Roblox 就像一个经济体一样运行。人们进入 Roblox，不再是单纯的消费行为。有些人进入 Roblox 是为了谋生，这些人是 Roblox 中的创造者，他们可以设计出新的"皮肤"，卖给其他玩家，玩家用"萝卜币"支付，卖家也可以随时把"萝卜币"换成美元。如此一来，有买有卖的经济行为产生了，一个虚拟世界的经济体形成了。

"萝卜币",展示了元宇宙经济的雏形。

熟悉比特币、以太坊的读者,可能会问:"这不就是ETH吗?"的确,利用以太坊的技术,可以实现"萝卜币"。如果只是在Roblox中使用萝卜币,也可以采用其他技术来实现。

具备元宇宙特征的游戏,天然形成了数字货币的应用场景。这是传统的货币系统无法支持的领域。随着元宇宙爆炸式地增长,数字货币总交易量飞速上涨。

以太坊是基础的数字货币,可以成为元宇宙的通行货币。元宇宙提供了以太坊货币的应用场景,以太坊货币可以进一步促进元宇宙的爆发。

DC/EP(央行数字货币)是基础的数字货币,或说DC/EP本身也可以成为元宇宙的通行货币。它们之间同样是相互促进的关系。

传统产业数字化发展之路,需融入元宇宙要素

对于传统产业数字化转型这个宏大的话题,本书不作展开。本部分简要提示元宇宙对于数字化转型的启示。

从信息化到数字化

很多咨询公司的从业者,往往纠结于一个问题,就是信息化和数

字化的区别。这也难怪，咨询顾问面对客户的时候，他们不得不回答这个问题。难道以前建设的信息系统不香了？现在，信息系统变成了"数字"系统，人们还得多花钱。到底数字化解决了哪些信息化没有解决的问题？

对于信息化和数字化的差别如图 3-5 所示。

区分信息化、数字化的关键在于区分决策是在物理世界还是数字化世界完成的。如果决策是在数字化世界完成的，那就是数字化，如果决策是在物理世界完成的，那就是信息化。这里的决策，是指导物理世界中执行下一个"动作"的指令。

信息化：

- 是物理世界的支撑和辅助工具
- 人类大部分活动都在物理世界中完成，少量行为只借助信息细化提升效率
- 信息化是帮助完成物理世界的流程，数据是流程过程中产生的副产品

数字化：

- 利用数字化技术将物理世界完全重构建模到数字化世界
- 人类大部分活动及交互都在数字化世界中进行。少量决策指挥信息回到物理世界指挥设备和机器完成操作
- 数据是物理世界数字化世界的投影，是一切的基础

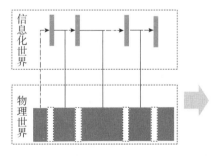
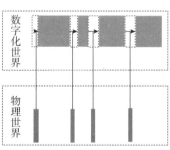

图 3-5　从信息化到数字化 ①

---

① 请参见：凯哥. 一张图看懂信息化和数字化的本质区别［Z/OL］.https://cloud.tencent.com/developer/article/1576411,2020-01-17[2021-06-21].

从数字化到元宇宙

元宇宙更彻底,它没有物理世界,全部是数字世界。就像《头号玩家》的玩家们戴上 VR 头盔的一瞬间,就会感觉如同穿越虫洞一样,进入另一个宇宙。所有的活动,包括生产活动,都是在数字世界中完成的。

物理世界中,人如同"躯壳"般的存在,只要满足"躯壳"必需的空气、水和营养,躯壳身在何方,处于什么境地,无关紧要。最极端的情况在《黑客帝国》中揭示得淋漓尽致。人成为"Matrix"的能量来源,所有人生活在密封的罐子里,而每个人的"化身"都在 Matrix 中工作、生活、恋爱、生子,直到被 Neo 发现了真相。

理解数字孪生

2003 年,迈克尔·格里夫斯(Michael Grieves)教授在密歇根大学的产品全生命周期管理课程上,首次提出了"与物理产品等价的虚拟数字化表达"的概念,并给出定义:一个或一组特定装置的数字复制品,能够抽象表达真实装置,并可以此为基础进行真实条件或模拟条件下的测试。教授希望可以将所有的数据放在一起进行更高层次的分析。

2011 年,Michael Grieves 教授在《几乎完美:通过产品全生命周期管理驱动创新和精益产品》中引用了其合作者约翰·维克斯(John Vickers)描述概念模型的名词——数字孪生(Digital Twin),并一直沿用至今。[①]

数字孪生最大的认知突破，就在于物理世界中的实体与数字世界中的孪生体相互映射、相互影响。简单来说，数字孪生体是一起工作的。物理世界中的实体的主要功能是采集数据，并传输给数字世界中的孪生体。数字孪生体汇集数据，做出关联分析，给出具体的动作指令。物理世界中的实体，接收指令，并执行相应的动作。在这个过程中，实体进一步采集数据，并将数据传输给孪生体。简单来说，数字世界中的孪生体的主要功能是分析和决策，而物理世界中的实体的主要功能是接收指令并执行。用文学一点的语言来说，数字孪生体是物理实体的"灵魂"。

数字孪生概念产业和应用的基础，就是数字技术的发展，让人们可以把物理世界中各个领域，越来越精确地数字化。部分领域的精确程度，甚至达到了电影《黑客帝国》中描述的那样。

数字孪生组织是企业数字化转型的最终目标

在数字化变革的过程中，人类终极的理想目标，就是在数字世界中，建立起和物理世界中的组织（可以是一个企业、行业，甚至一个城市）相对应的一组软件模型。并且，人类需要给这个模型输入组织的运营数据、组织服务的各类对象的数据。这可以实现组织的运营模型在数字世界中的映射，并能够实时更新状态，应对外界的变化，部署相应的资源，产生预期的客户价值。这组反映组织运作的软件模型

[①] 引用自《华为数据之道》7.1 节，第 172 页。

和源源不断的各类数据构成的整体,就是数字孪生组织。

数字孪生组织建成之日,就是数字化转型成功之时。

对于企业而言,他们需要将企业相关的各类角色和角色之间相互作用的过程全部数字化。这些角色分为五个类别,分别是客户、员工、合作伙伴、供应商和消费者。数字化后,企业可以形成其数字资产,综合利用各种数字技术,完成数据采集、挖掘和分析,形成业务决策,从而为客户创造价值。

从客户角度而言,人们应该获得全新的体验。任何一项服务的提供,必须满足五个标准:第一,Realtime(实时)。自动驾驶的服务,甚至要求响应的实时性达到毫秒的级别。第二,On-demand(按需)。这是个性化的基础。数字时代区别于工业时代的典型特征,不再是千人一面的工业品,而是千人千面的定制品。第三,All-online(全在线)。所有的交互都在线上完成。第四,DIY(服务自助)。用户自助服务,企业提供用户做任何想做的事的机会,甚至提供用户参与各种业务开发优化过程的机会,这可以帮助自身加速业务创新,也可以提升用户的参与感。第五,Social(社交化)。企业可以为用户群体提供分享经验、使用心得、"吐槽"的社交平台,从而形成固定粉丝群体,给用户归属感,增加用户黏度。

游戏是可视化的数字孪生组织

这里的"游戏"是指具备元宇宙特征的游戏,不是类似 Windows 平台上附赠的"扫雷"型游戏。

当提出 DTO 概念的时候,苦于它过于抽象,我难以对其一言尽述,因为人们很难理解从未见过的东西。当然,在现实世界中,没有一家公司,完全符合DTO的特征。提出数字孪生组织,是为了解释传统企业。那么,数字化转型的最终目标是什么?或者说理想化的数字化企业最终形态是什么?这是解决传统企业数字化转型应该向哪里去的根本问题。

元宇宙给出了答案。元宇宙就是企业数字化转型的最终形态。相比DTO,元宇宙有一个具象化、可视化的雏形,这个雏形,就是类似《我的世界》、Roblox这样的游戏。

在DTO中总结的"Roads"特征——Realtime(实时)、On-demand(按需)、All-online(全在线)、DIY(服务自助)、Social(社交化),在元宇宙中完全体现了出来。

借助元宇宙推进数字化转型

游戏作为元宇宙的雏形,不但已经进入了元宇宙,在其过程中,还带动了通信技术、云计算、3D建模、VR设备、数字货币等技术的发展。当这些技术进一步得到应用并且使用成本进一步降低的时候,各行各业都会以此作为借鉴,依次进入元宇宙。

以IP为核心的数字消费是万亿级别的新兴产业,包括网络文学、视频制作(短视频、长视频)、3D动画等。展览业和大型的展馆也将面临升级的挑战。现在需要在物理的场馆中,营造出超越现实的效果,把物理展馆迁徙的元宇宙和元宇宙的技术应用到物理展馆。博物馆同展览业有相似之处。设计行业,包括工业设计、建筑设计等所有依赖人类想象力的工作,都会迁徙到元宇宙中,与客户共同设计。在文化旅游方面,譬如建立黄果树瀑布的元宇宙,就比在黄果树大兴土木方便得多。关键是在环保的大背景下,我们不能做任何改变风景区物理环境的事情。在消费品领域,在元宇宙中出现某个品牌的消费品仅仅是开端,更重要的是形成消费的宇宙。而谈到工业制造,也许工人们都戴着AR眼镜上班的日子,很快就会到来。

根据《国民经济行业分类》(GB/T 4754—2011)的产业划分标准,来预测元宇宙内产业的发展,其发展阶段主要分为五个阶段:起始阶段、探索阶段、基础设施大发展阶段、内容大爆发阶段和虚实共生阶段(见图3-6)。在元宇宙内对每个阶段的产业发展做了一个预测,到第五个阶段时,元宇宙将进入繁荣期,现实社会90%以上的产业都会在元宇宙内发生,现实社会没有的产业,也会在元宇宙内欣欣向荣。到那时,虚拟空间与现实社会保持高度同步和互通,交互效果接近真实。同步和拟真的虚拟世界是元宇宙构成的基础条件,这意味着现实社会中发生的一切事件将同步发生于虚拟世界,同时用户在虚拟的元宇宙中进行交互时能得到接近真实的反馈信息,达到虚实共生!

催生万亿产业集群

除元宇宙带动行业数字化转型外,元宇宙本身也将演化出新的产业集群。严格来说,这些都属于内容消费产业集群,满足人类无限的精神需求。这些产业集群的规模很可能超越现实世界,甚至是现实世界的数倍之大(见图3-7)。

	起始阶段	探索阶段	基础设施大发展阶段	内容大爆发阶段	虚实共生阶段
	萌芽阶段，以文学、艺术、宗教为载体的古典形态的"元宇宙"，如1992年的小说《雪崩》、1999年电影《黑客帝国》、2009年电影《阿凡达》、2018年电影《头号玩家》等	以具备初步经济形态的孤立游戏为主的元宇宙初步形态，以非沉浸形态为主	元宇宙内各类基础设施大发展；元宇宙虚拟世界建设期；虚实共生的萌芽期；平台型工具厂商批量出现；DAO的发展期及治理的萌芽期	元宇宙内各种应用及内容大爆发；产业各种新业态	物联网高度发达和智能化；进入元宇宙繁荣期
第一产业	无	无	无	出现种植业、养殖业、畜牧业第一产业	出现大量新物种的第一产业
第二产业	无	城市基础设施建造	基础设施建造工具和平台；基础设施建造（公共设施、新能源开发、各类场所、自然环境、城市、乡村）	新能源开发；服装制造业；旅游景区建造等	出现多元物种的制造业；第二产业新业态大量产生：脑机接口生产商等，从虚到实的各种制造商（超级器官制造、远程官制造）
第三产业	无	NFT交易所、演唱会、虚拟道具制造、画廊、VR文旅、虚拟形象设计、培训教育、游戏角色生产	各类基础设施服务业（设计公司、建筑材料批发等）；各类金融业态的发展	与第一产业相关的服务业（如兽医、宠物医院等）；人生进设计及交易产业；金融业（期货、各类交易所等）；第三产业内容制造（如文化娱乐、教育、培训咨询设计等）	从虚变实的各类服务业；各类智能3D打印设备制造和智能打印、生物制造；第三产业新业态大量产生：跨越各种不同元宇宙的服务商等

图3-6 元宇宙内的产业发展阶段预测图（图片来源：中译出版社《元宇宙通证》）

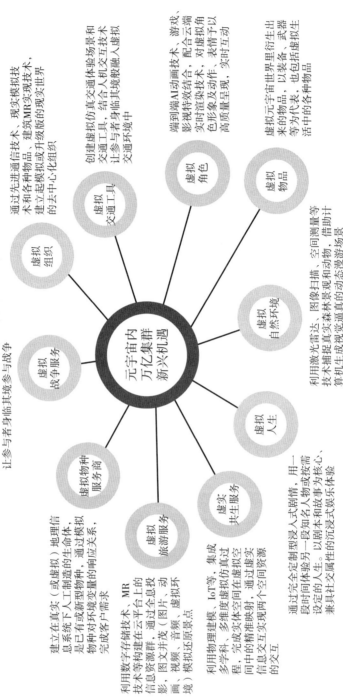

图 3-7 元宇宙催生万亿产业集群（资料来源：中译出版社《元宇宙通证》）

元宇宙经济学

阿凡达没有自私的基因。

传统经济学以实物商品为核心，元宇宙经济学以虚拟商品为核心，数字经济则包含实物商品的数字化过程。从这个意义上讲，元宇宙经济学是数字经济的有机组成部分，是最活跃、最具代表性的部分。

认同决定价值而非劳动，边际效益递增而非递减，边际成本递减而非递增，交易成本趋于零而非居高不下，甚至都需要抛开经济人假设。

元宇宙经济学四大要素：数字创造、数字资产、数字市场、数字货币；四个统一：计划和市场统一、生产和消费统一、监管和自由统一、行为和信用统一。

元宇宙为 DC/EP 提供了丰富的使用场景；DC/EP 可以构成元宇宙经济行为的基础。

电影《阿凡达》构筑了一个奇幻美丽的潘多拉星球，星球孕育了高大的纳威族。人类贪婪无度，觊觎潘多拉星球上的矿藏，期待它能在地球上卖个好价钱，拯救濒临破产的公司。纳威人与潘多拉星球融为一体，住的房子是天然的大树，床是一片片树叶。渴了，喝花草上凝结的露珠；饿了，吃猎获的动物。按照人类发展的历史阶段来看，纳威人正处于原始社会时期。巨大的潘多拉星球物产丰富，纳威人靠着打猎或者采摘，就能过上"小康"生活。

RDA——在潘多拉星球上"掠夺"矿产的公司，全名为"资源开发管理总署"（Resources Development Administration）。它是世界上最大的企业团体合股的财团（Consortium），也是人类在宇宙中最大的单一非政府组织，主要经营采矿、运输、药品、武器和通信业务。它拥有数以百万计的股东，是历史最悠久、规模最大的类行政实体。建立它的目的是在太阳系里寻找并开发新的资源。最近25年来，其开发范围又扩展到离地球较近的星系。RDA获得了潘多拉星球上珍贵矿产——"Unobtanium"的独家采矿权。在遥远的潘多拉星球上，采矿的进展直接影响RDA公司在地球上的股价。

人类一方是高度发达的星际资本主义社会，其代表是RDA公司。纳威族一方是自给自足的原始采集社会。两者之间形成了强烈的反差。

影片中的主人公杰克可以借助一套复杂的类似太空舱的设备，

在人类社会和潘多拉星球之间"穿梭",当他在人类社会清醒的时候,他的"阿凡达化身"则在潘多拉星球原生态丛林中昏睡。当他在人类社会进入梦乡时,"阿凡达化身"则开始活跃,在潘多拉星球上"游荡"。

在阿凡达身上,我们看到很多"珍贵"的品质,让人们油然而生向往、爱护之心。当然,这也是导演的刻意为之。当杰克需要斑溪兽(Banshee,潘多拉星球上的一种大型飞鸟)时,他们不是去"市场"上找其他部落购买,而是自己去"抓"。

没有哪个词汇比"阿凡达"更能说明"化身"这个概念了,因此,本书把人类在元宇宙中的"化身"称为"阿凡达"。这也是美国科幻小说家尼尔·斯蒂芬森在《雪崩》中首创的概念。"纳威人"则是指潘多拉星球上的原始居民。

从经济发展的角度来看,潘多拉星球是落后的,没有市场存在,自然也没有货币,但潘多拉星球丰富的动物、植物资源,让纳威人没有饥馑之忧。这样看来,市场有什么用途呢?

从需求端来讲,纳威人对潘多拉星球的索取极少,他们只需要住大树、睡树叶、喝露水。从供应端来讲,潘多拉星球上的资源相较于纳威人的需求而言,几乎是无限的。在元宇宙中,资源同样是无限的,阿凡达的生理需求几乎全部可以得到满足。在这种情况下,社会的经济体系有哪些特征呢?

元宇宙经济是数字经济中最活跃、最具革命性的部分

元宇宙经济学的定义

经济学分类本身就是一门学问,其历史渊源、观点脉络、风云人物极多。总体而言,主流的经济学,都是研究以物质为原料的产品,是以其生产、流通、消费为核心内容的经济学。物质产品能满足人们吃饭、穿衣、居住、交通等生活需求。围绕人们的生活需求和物质产品而建立起来的市场、货币、产权、法律等一系列的制度安排和经济秩序,本书把它们称为传统经济学。

随着数字技术的发展,出现了越来越多的以数字为载体的产品,如游戏、短视频、电影等。在游戏中,人们也可以制造仅仅在游戏中需要的"道具"、"皮肤"等产品。以数字为载体的产品,称为数字产品。一般而言,数字产品分为三大类:第一类数字产品是信息和娱乐产品,如纸上信息产品、产品信息、图像图形、音频产品和视频产品等。第二类数字产品是象征、符号和概念,如航班、音乐会、体育场的订票过程,支票、电子货币、信用卡等财务工具等。第三类数字产品是过程和服务,如政府服务、信件和传真、电子消费、远程教育和交互式服务、交互式娱乐等。

尽管同为数字产品,但其生产和消费的场景也不同,如电影、游

戏和游戏中的"皮肤"。电影是在物理世界中创造，在物理世界中消费。游戏是在物理世界中创造，在数字世界中消费。①而游戏中的"皮肤"则是在数字世界中创造，在数字世界中消费。

本书把数字产品的创造、交换、消费等所有在数字世界中进行的经济活动称为元宇宙经济。研究元宇宙经济规律的学问，就是元宇宙经济学。在一些大型的游戏中，可以看到元宇宙经济的雏形。

在美国非常受欢迎的一款游戏《第二人生》(Second life)中，玩家可以创造各类虚拟商品进行出售。利用游戏提供的道具、材料创造内容，然后在游戏中完成销售，这就是典型的在数字世界中发生的经济行为，是元宇宙经济学研究的对象。

元宇宙经济与数字经济的异同

数字经济是以数据为主要生产要素的经济活动，既包含传统物质产品生产、流通、消费的内容，也包括数字产品的创造、交换、消费的内容。换句话说，无论是物质产品还是非物质产品，只要在生产、流通、消费的任何一个环节，利用了数字技术或者利用了数据，都属于数字经济的范畴。

2016年G20杭州峰会发布的《二十国集团数字经济发展与合作倡议》对数字经济作出了定义：以使用数字化的知识和信息作为关键生产要素、以现代信息网络作为重要载体、以信息通信技术的有效使用作为效率提升和经济结构优化的重要推动力的一系列经济活动。

---

① Roblox游戏略有不同，Roblox允许用户在其平台中创造新游戏。

G20关于数字经济的定义被广泛接受。传统经济转型升级的目标，就是数字经济。

就研究对象和使用范围而言，元宇宙经济是数字经济的一个子集，是其最活跃、最具革命性的部分。其中蕴含的一些思想和创造的一些工具，都对数字经济的发展具有重要的启示。

所以，当我们谈论元宇宙经济学，事实上摆脱了传统经济学的一些天然限制条件，譬如有限的自然资源、复杂的保障秩序的制度、市场建立的巨大成本等。在纯粹的数字世界，分析"阿凡达"的行为，设定简单的规则，从零开始构建经济体系。从元宇宙经济学研究中得到的一些结论、观点，可供传统经济借鉴，从而对于建立现代化的经济体系有所助益。

元宇宙对于物理世界的影响

一件T恤衫是物质产品，是典型的传统经济的代表。《王者荣耀》中的"皮肤"是数字产品，其在游戏中被创造，也在游戏中被消费，如在T恤衫印上与游戏关联的文字或图案（见图4-1），那么这件T恤衫有了什么新的内涵呢？

这是数字产品影响传统经济的一个案例。元宇宙经济学，

图4-1　游戏《王者荣耀》主题T恤

（图片来源：王者荣耀周边商城）

元宇宙

不是我们头脑一热编出的一个新概念。元宇宙中的人、产品通过影响人们的思想形成特定观念,继而真切地影响物理世界,甚至改变物理世界中人们的行为。因此元宇宙经济学也就有了更宏大的社会意义。

元宇宙影响物理世界一般有如下两个途径。

首先,元宇宙影响人的思想和观念。人类学习的过程,就是让大脑习得知识并灵活运用的过程。这些知识是来自物理世界还是虚拟世界,并没有区别。而且在某些场景中,人们只能在"模拟机"中学习。譬如登上"天宫二号"的中国航天员们,之前他们无法在真实的"天宫二号"中训练。登月亦是如此,地球上没有和月球上完全相同的环境,登月的"嫦娥"只能在模拟月球环境的模拟器中训练。同样,人们在游戏中学习的经验和技巧、获得的知识和感悟,也可以应用于物理世界。人们在数字世界中的喜好,也可以投射到物理世界的产品上。游戏、展览、旅游、设计等行业,都会受到元宇宙的影响,从而形成新的经营模式。

其次,元宇宙促进数字产品的有形化。手办、玩具是特别典型的一类商品。这些商品原型都是电影、电视或游戏中的一些人物,特别受 M 世代的欢迎。2019 年,上海第一家《火影忍者》主题餐厅开业,《火影忍者》的影迷和游戏玩家纷纷捧场,现场人山人海。

毫无疑问,元宇宙作为人们生活的一部分,和物理世界有着千丝万缕的联系。物理世界影响元宇宙,元宇宙影响物理世界。正因为它们互相影响,元宇宙经济学才有了现实意义。

重新思考传统经济学的假设和"规律"

物理资源的限制,是传统经济学面临的最主要的约束条件。人类的生存必须要有一定的物理资源,譬如土地、淡水等。"经济"这个词有"节省"的意思。物以节用,经世济民。在物理世界中,我们吃的饭、穿的衣,都是直接或者间接来自土地的恩赐。在农业时代,土地就是最基本的生产要素。没有土地,人们就无法生存,但是土地总是有限的,人们要利用有限的资源,满足自己的各种欲望,的确难为了先人。人们一方面利用各式各样的技术,提高土地的产量,提高利用的效率,另一方面形成社会习俗,倡导俭朴的美德。

人类在历史上一直处于资源短缺的状态。放眼世界,关于饥荒、战争、难民的新闻依然充斥荧屏。马尔萨斯正是认识到资源有限,尤其是土地有限的现实,提出了人口理论。

元宇宙经济关注在数字世界中生产的数字产品,这些产品本身不消耗除了"电"以外的任何物理资源。数字产品无非是一串"0"和"1"的排列组合。当没有物理资源限制时,人们的行为是否还符合传统经济学语境中的"经济人"假设呢?

传统经济学基本假设不再成立

亚当·斯密在《国富论》的第一篇第二章中提道:"我们获取的食物并非来自屠夫、酿酒师和面包师的恩惠,而是出于他们的利己思想。我们不用向他们祈求怜悯和爱意，只需唤起他们的利己心理就行了。我们不必向他们说我们的需求，只需强调他们能够获得的利益。"

这段话蕴含经济学的几个基本的前提：资源具有稀缺性，经济个体都是利己的，经济个体都是理性的。

阿凡达重视体验而非理性

经济个体都是理性的。理性人假设也可以理解为，每一个从事经济活动的人所采取的经济行为，都是力图以自己最小的经济代价去获得最大的经济利益。西方经济学家认为，在任何经济活动中，只有这样的人才是"合乎理性的人"；否则，就是非理性的。放到极端情况下思考，"理性"莫过于趋利避害的生存本能。就像火苗烧到手时，我们会立刻缩手一样。生存理性，是经济理性的基础，但这一条，在元宇宙中，同样被打破了。

元宇宙中，时间同样是无限的。人们在元宇宙中的化身"阿凡达"，生命同样是无限的。生存或者死亡，无非是一局游戏的开始或结束。阿凡达在高山之巅的奋力一跃，最坏的结果不过是退出游戏，重来一次。

近来，在欧美年轻人中颇为流行的 YOLO 文化——You Only Live Once，寓意是人应该享受人生，即使需要承担风险；也就是鼓励人们不怕冒险，想做什么就做什么，享受人生，因为人只能活一次，所以不要顾虑太多，思考太多。阿凡达却是生命永恒，可以体验不同的、多段的人生。

挣脱理性的束缚是许许多多人内心的真实诉求。"老夫聊发少年狂，左牵黄，右擎苍，锦帽貂裘，千骑卷平冈"，这是放纵田猎的快乐。"大鹏一日同风起，扶摇直上九万里"，这是摆脱俗务、逍遥九天的快乐。

在元宇宙中，你可以利用无限的资源、无尽的时间去创造和体验，最坏的情况不过就是从头再来。"心若在梦就在，天地之间还有真爱，看成败人生豪迈，只不过是从头再来"，就是元宇宙的真实写照。

阿凡达没有利己的基因

阿凡达摆脱了生老病死的生理问题，是人们在精神世界的化身。M世代从来没有过粮食、物资"匮乏"的经历。在一些团队完成的任务中，游戏中每一个角色都需要尽心尽力，相互补位、相互救援、团结一心去战胜对手。

精神层次的需求，来自对胜利的渴望，来自队友的合作，来自快乐的分享。阿凡达天然是要追求马斯洛需求模型中的最顶端的需求，也就是自我实现甚至超越自我的需求。而自我实现的精神愉悦就来自创造和分享，来自超越束缚、抛掉理性。每一个阿凡达都代表了人们某一层面的精神需求。他们来到元宇宙并且沉浸于此，只是为了体验不一样的人生。

在潘多拉星球上，人类的殖民者们，掌握着高度发达的技术，也给人以贪婪、残暴的印象。为了攫取矿产，人类不惜摧毁了纳威人的家园。而阿凡达们则一直信仰每个物种都是通灵的。事实上也的确如此，潘多拉星球上的动物都有一根长长的辫子，大树有着银白色的长须，就像神经元的神经末梢一样。当这些末梢连接在一起，他们可以不用语言交流而实现直接的沟通。潘多拉星球生物的特点，给万物普

元宇宙

遍联系的哲学认知做了形象化、可视化的注脚。因此，他们更注重生命与环境的和谐，强调团结、合作、分享、体验，而非博弈和过度索取。

这一点和元宇宙居民的价值观是相同的。当摆脱了生理需求诱惑，在精神世界翱翔的时候，阿凡达或许就是以创造为荣，以分享为乐，体验重于结果。分享取代自私，利他取代利我，成为元宇宙共同的价值选择。

重新思考几个规律

在数字世界中消费数字世界原生的数字产品，是传统经济学家们没有遇到的新现象。在物理世界中，已经建立的基本经济概念和认识会在数字世界中面临颠覆。

认同决定价值

在马克思的思想体系中，认为商品的价值是一种凝结在商品中的无差别的人类劳动。以劳动创造价值为基础，进一步推导出剩余价值理论，揭示出资本方总是倾向于追求剩余价值，压榨工人的劳动。

劳动决定价值理论是传统经济学的支柱。无论商品价格怎么变化，商品中无差别的一般性的人类劳动，就是价格变化的核心点。

数字世界中的数字商品，与劳动没有正比例线性关系。其实数字商品和奢侈品有点类似。就储物功能而言，LV 的包和其他品牌的包，并无本质差别，尤其是高仿 LV，两个包的差别可能只是 Logo 有细微的不同，但是正品 LV 包的价格比高仿的包贵十倍，甚至百倍。

支持人们消费奢侈品的，正是"认同的力量"。LV 成为特定阶层、某种品位的象征。LV 品牌代表着一种生活，这种生活状态，可能不是其他品牌可以达到的。这已经远远超出了 LV 包本身的储物功能，而是带给消费者精神层面的满足。

满足精神层面的产品，往往不会遵循劳动决定价值的理论。在物理世界中，这样的例子比比皆是。比如绘画，尽管普通人难以分辨张大千的真迹，但不妨碍大家高价收藏张大千的真迹。如果是临摹的作品，其价格就会一落千丈。原作和临摹所花费的劳动时间是相差无几的，并且在成本上也不相上下，但是在价格上，却天差地别。其中的差别，就是人们认同张大千。即便临摹的作品在细节上甚至有胜出的地方，也不会比原作更值钱。

从总体情况来看，物理世界中，像艺术品这样违反劳动创造价值理论的商品，仅仅占社会总商品极小的一部分，劳动创造价值总体上是成立的。在元宇宙中，所有的商品都具有艺术品特征。

在游戏 *Roblox* 中，就艺术性而言，创作难以有质的差别。创作的原料都是分辨率比较低的"像素"，因此所有的物品看起来都是方头方脑的。物理世界圆滚滚的脑袋，在 *Roblox*、《我的世界》等游戏中，都变成了有棱有角的方块。用这些"原料"制造的商品，依然有人追捧。这些商品，在人们看来一文不值，但玩家们却趋之若鹜。

偶像与粉丝之间的关系，也颠覆了劳动创造价值。在网络上，不同明星的粉丝之间经常出现互相攻击的现象，引起了广泛的关注。在粉丝的心目中，明星的价值不能用钱来衡量。这不仅是粉丝对于明星本人的认同，在某种意义上，粉丝在追星的过程中，也形成了社会性的自我认同。这种认同，转化成了商品的价值。在跟明星相关的商品中，至少其代言的商品，几乎没有凝结他们的无差别劳动，但是凝结了粉丝的自我认同。

在数字世界中还有一类商品不得不提,就是人工智能创作的商品。人工智能的工作效率是人类的成千上万倍。如果按照劳动决定价值理论,这些商品应该以极低价格出售,然而这并不妨碍某些人出高价收购。

边际效益递增

在物理世界中,商品的边际效益往往是递减的。同类的一些商品,随着数量的增加,单位商品对人们的效益就会越来越低,而在元宇宙中,这条法则也被打破了。在游戏中,玩家越多越有趣,游戏时间越长,获得的激励和快感越多。每天登录,还有奖励。换句话说,这就是"沉迷"——长时间迷恋同一个东西。如果满足边际效益递减的法则,就不会有沉迷这回事儿。

元宇宙构成要素之一,是社交网络系统。在社交网络中,存在明显的网络效应,用的人越多,网络效应越显著。比如大家都使用微信,在微信上交流、沟通。现在,想要脱离微信几乎是不可能的。大家就像一个篓子里装的螃蟹,任何一个想离开篓子的螃蟹,都会被其他螃蟹拽回来。如果我们想和朋友们自由地交流,那就会被朋友"拽"进微信。

边际成本递减

在物理世界中。生产成本包括原材料成本、生产线成本、工人成本、仓储成本等。商品的成本曲线呈"U"形——生产时,随着产量的提升,边际成本越来越低;但当生产线饱和,再去增加产量,就会面临生产成本大幅上升的局面。

2009年，美国关闭了F22战机的生产线，这条生产线共生产了187架战机。这是当时最先进的第5代战机。关闭生产线的一个重要原因，就是其他大国短期内很难生产出类似的产品。当生产线关闭后，如果再想生产F22战机，生产成本就会增加，包括培训工人、重新采购原材料的费用等。

在数字世界中，根本没有这些令人头疼的问题。没有原材料的采购，所有"产品"的原材料都是二进制的"0""1"代码。没有生产线，没有工人，没有仓储，没有物流，随时可以暂停生产，也随时可以重新投产。产品一旦被创造出来，永远有效、不会磨损、不需折旧，再生产的成本几乎为零。边际成本递增的法则在元宇宙中也被打破了。

关注市场创立成本

市场是经济学的核心。商品用于交换才能产生价格。有了价格，人们才能获得组织生产的信号。市场的规模越大，分工就会越细，技术得以飞速进步，社会总财富积累越多，市场的规模越大。这一条法则无论在传统的经济学还是元宇宙中都是成立的。

在物理世界中，创建一个市场的成本是非常高的。而且市场创建的成本，往往被经济学家忽略。几乎所有的经济学家谈论的都是市场创建以后的事情，对如何建立市场则讳莫如深。就极端自由主义者而言，他们信奉小政府、大市场的理论，但是市场创建本身巨大的成本，给了政府介入的理由。在物理世界中，创建市场首先需要良好的社会秩序，确保违反市场规则的行为会受到处罚。创建市场还需要修建四通八达的"道路","道路"的终点就是市场的边界。因此,大统一的市场需要大规模的基础设施。这些都需要巨额的资金。

那些致力于在市场规模建设、削减交易成本、丰富市场种类等方面不断开拓的国家,才是代表未来的国家。

在数字世界中,市场也是如此,不同的是,在数字世界创建市场,要比在物理世界创建市场容易得多,成本低得多。像淘宝、京东类的电子商务市场,交易的是物理世界的商品。苹果、华为、小米手机上的应用程序商店,交易的是创造数字内容的工具。《王者荣耀》、Roblox中的玩家商城,交易的是纯粹的数字产品——皮肤、道具、玩家自己创造的小游戏,等等。这些市场的规则,都是人们通过软件代码制定的。违反市场规则的交易,要么不可能通过,要么就被市场清退。

在数字世界中建立市场的成本远远低于物理世界。理论上,数字世界中将会产生丰富多彩的新型市场,从而起到繁荣经济的作用。

加密数字资产市场,就是数字世界市场典型的例子,其代表是比特币、以太坊。这些市场与电商、应用商店和游戏玩家市场的区别体现在市场规则的制定权和修改权上。在以区块链技术为基础的加密数字资产市场中,规则一旦发布,任何人、任何组织都没有权利修改,除非"自治社区"绝大部分的人都同意修改,这就实现了"去中心化"的治理模式。而非区块链技术支持的数字市场,市场规则是追求商业化利益的公司决定的,它们可以随时修改规则,从而成为市场的支配力量。

以区块链为基础的数字市场是元宇宙经济的基石。在后续章节中,还会出现相关话题。在本部分中,大家只要了解市场建立需要成本,维持运营同样需要成本。对此,物理世界和数字世界分别给出了不同的方案。而在数字世界中,建立市场和维持运营的成本都大大降低了。

交易成本趋零

交易成本区别于市场的运营成本。市场运营成本是为了维护市场的有序、有效运作,必须支付人工、租金、监管、治理等刚性支出。交易成本是买卖双方在达成交易的过程中所支付的费用。在淘宝中购物,交易成本不是商品的价格,而是在购买商品的过程中必须支付的费用。快递费可以归入交易成本的范畴,还有上网流量费等费用。

关于交易成本的一个基础观点是,交易成本越低,市场就会越繁荣,市场的边界就越大。很明显,如果快递费比商品的价格还高,恐怕没有人会在网上买东西。

在物理世界中,交易成本有很多种类,有些种类并不是靠代码规定的交易规则就能涵盖的。其突出表现是在企业(2B)市场中签合同所需的费用,很可能占合同金额的10%—20%,甚至更高。而在数字世界的数字市场中,几乎没有交易费用。在《王者荣耀》买一款新皮肤,不需要物流费,甚至没有流量费。

在以太坊中,大家进行的任何交易都会支付一笔GAS(燃料费),就算交易最终失败,也必须承担GAS费用。严格地说,GAS不是交易的成本,而是以太坊这个数字市场的整体运营费用在每笔交易中的折现。

认同决定价值,而非无差别劳动;数字世界的生产边际效益递增,而非物理世界的生产边际效益递减;数字世界的生产边际成本递减,而非物理世界的生产边际成本递增;数字世界还包括大幅降低的市场建设成本和几乎为零的交易成本。上述几点，都撼动了传统经济学的理论支柱。

黄江南、朱嘉明大力倡导观念经济学，并对传统经济学发出了振聋发聩的批判。黄江南在2014年的网易经济学家年会夏季论坛上，就大声疾呼："观念经济学在观念生产领域把以往的传统经济学所有的基石性的理论都推翻了。传统经济学，我们现在所学的经济学，只能适应早期的工业化，连现代的工业化都不能适应，因此我们要建立新的观念体系、概念体系……"元宇宙经济学和观念经济学有许多相同之处，甚至可以说元宇宙经济是更纯粹意义上的观念经济。

元宇宙经济的四个要素

人们在元宇宙中，摆脱了物理世界的一些"俗务"，不用吃饭应酬，不会生病，也不会永久地死去（除非永远离开元宇宙）；主要的活动就是体验、创造、交流和交换。在新冠肺炎疫情期间，"阿凡达"们尤其如此。

在某个游戏中，阿凡达们在早晨七八点相继醒来，陆陆续续地来到元宇宙，随处逛逛，扎堆儿聊天，话题几乎无所不包。尽管在元宇宙中不能烹饪，但并不妨碍阿凡达们聊聊美食，甚至聚拢到元宇宙的餐厅打卡。奇怪的是，他们虽然没有办法在餐厅吃饭，但就是要去打个卡，这是仍摆脱不了物理世界生活习惯的体现。在游戏 *Roblox* 中有一个景点，爬上高塔，可以看到美丽的日落。很多阿凡达喜欢爬上来静静地坐着，看日落，自拍。这就是体验。当然，在元宇宙中也会发生交易行为。有些阿凡达心灵手巧，制作出美丽的衣服，其他阿凡达喜欢的话就可以购买。一天就这样过去了，直到半夜还有许多阿凡达在元宇宙中四处游荡。

Epic 公司的 CEO 蒂姆·斯威尼（Tim Sweeney）在接受关于元宇宙经济的访谈时说："我们不仅要建立一个 3D 平台，建立技术标准，还要建立一个公平的经济体系，所有创作者都能参与这个经济体系，赚到钱，获得回报。这个体系必须制定规则，确保消费者得到公平对待，避免出现大规模的作弊、欺诈或诈骗，也要确保公司能够在这个平台上自由发布内容并从中获利。"

从蒂姆·斯威尼的发言来看，要支持阿凡达在元宇宙的生活，必须要有几个基本要素。第一个是数字创造，创造出阿凡达需要的产品。第二个是数字资产。阿凡达创造的产品如果进行销售，必须解决产权归属的问题，必须要能标记是谁创造的，而且还得避免数字产品可以被无限复制的难题。第三个是数字市场，它代表着数字世界交易的场所和大家必须遵循的规则。第四个是数字货币。买东西总要付费。交易虚拟的数字产品，用法币来支付有很多困难，因此元宇宙需要数字货币。数字创造、数字资产、数字市场、数字货币，支撑了整个元宇宙的经济体系，由此满足了"阿凡达"们的数字消费。

数字创造

元宇宙经济同样存在供需两端。需求端需要满足阿凡达的体验和精神层面的需求，精神需求是多层次、多维度的，是丰富多彩的。这就需要供应端提供多种多样的数字产品，张开梦想的翅膀、突破想象的极限，才能满足"阿凡达"们的无止境的精神需求。数字创造者和数字消费者足够多，元宇宙才能运转和繁荣。

数字创造是元宇宙经济的开端，没有创造，就没有可供交易的商品。在物理世界，人们"创造"的都是实物或者服务。我们会用"产品"对其进行描述，当其进入市场进行流通时，就会被称为"商品"。而在元宇宙中，人们进行的是"数字创造"，创造的是"数字产品"。物质都是数字化的，是一些数据的集合。我们在游戏里可以建造楼房、创造城市，我们在短视频 App 中、在各种平台上可以发布拍摄和制作的短视频，通过微信公众号可以发布各式各样的图文。这些其实都是我们的数字化产品。这种数字创造的过程是客观存在的，是元宇宙经济的第一个要素。

元宇宙是否繁荣，第一个重要的指标就是数字创造者的数量和活跃度。元宇宙的缔造者们，需要提供越来越简便的创作工具，降低用户的创作门槛。

抖音短视频平台成为 4G 时代的霸主之一，其中一个很重要的原因就是它降低了短视频创作的门槛。在微信发图文，至少不能是文盲，但是发一个短视频，没有受过任何教育的小孩子都能做到。抖音的用户基数理论上比微信的还要多。

Roblox 更进一步大幅地降低了用户创作游戏的门槛。*Roblox* 的游戏开发引擎，把 3D 游戏的开发简化到只需要通过鼠标拖拽就能完成。

对于元宇宙的缔造者而言，提供简单易用的创造工具是一门必修课，而且是必须修好的课。谁在这个领域做到顶级水平，谁就有可能成为一个新的元宇宙的缔造者。

数字资产

资产隐含产权属性，并且是交易的前提。《王者荣耀》中的"皮肤"，大家都知道其产权属于腾讯，如果喜欢想得到，就得付钱。玩家购买的"皮肤"属于玩家的私人装备，不可以转让，但是拥有这个皮肤的游戏账号可以转让，可以出售获利。这样一来，"皮肤"就具备了资产属性。在淘宝、闲鱼等电子商务平台上，用户可以轻松搜索到出售游戏账号的玩家。

显然，"皮肤"是在游戏中创造的，也只能在游戏中进行购买。这些虚拟商品不能脱离游戏平台存在，换句话说，就是不同平台的虚拟产品没有通用性，不能构成严格意义上的数字资产。这也就限制了跨平台、跨游戏的数字资产的流通。

在 Roblox 提供了游戏开发平台后，玩家可以自己开发游戏，在游戏中创造出各式各样的数字产品。这些数字产品，只要在 Roblox 的平台上，就可以跨游戏使用。这是一个相当大的突破。Roblox 公司上市不久，市值就突破了 400 亿美元，足见资本市场对于 Roblox 数字资产跨平台流通模式的追捧。

如果想把 Roblox 平台上玩家购买的数字产品（虚拟物品）拿到其他游戏中使用，目前是做不到的。其他游戏的平台和 Roblox 平台没有打通。这就限制了数字资产的流通。

无论是其他游戏中的皮肤，还是 Roblox 中用户创造的建筑，都还不是严格意义上的数字资产。数字资产的形成，还需要一个低层的平台，在资产层面提供严格的版权保护和跨平台的流通机制。这样一来，真正的元宇宙经济才会形成。

会不会出现一个更低层的平台，来提供不同游戏之间虚拟物品的交换和使用呢？这个问题，我们将在第六章"抢占超大陆"中继续探讨。毫无疑问，基于区块链技术的平台，提供了可选的方案。区块链提供了数据拷贝受限的解决方案，综合利用加密算法、签名算法、共识机制等，确保数据每一次拷贝都被登记在册，确保数据不被非法篡改、拷贝，从而奠定了数据成为资产的技术基础。

数字资产的生产方式和确权

我们进一步讨论数字产品的生产方式，其可以分为PGC（Professionally Generated Content，即专业原创内容）、UGC（User Generated Content，即用户原创内容），随着AI技术的成熟，还将出现AIGC（AI Generated Content，即人工智能原创内容）。这里重点讨论PGC和UGC。

对于PGC，我们依然可以用游戏中的"皮肤"举例：在游戏中，开发者人为设定商业规则，使得玩家对"皮肤"的使用受到特定的限制。"皮肤"只能在游戏中针对玩家某个账号下的特定角色进行使用，在其他场合则无法使用。这是游戏平台为了获取利润而设计的一种中心化的机制。平台对这里的数字产品具有决定权，买家无法通过拥有更多数量的产品而打乱游戏开发者建立起的市场，因为在游戏中，"皮肤"被人为设置了购买数量和机制，而这一切都依赖于腾讯的编码程序。也就是说，PGC作为数字资产，往往是通过人为设置稀缺性来保证其价值的稳定性的。

UGC 是用户创造的资产，这种形式的数字资产在元宇宙中也很常见。例如，用户在游戏中为自己创造的、非购买自官方的家园、新武器等。理论上，这些资产也可以进入市场进行交易流通。这时，我们之前提出的问题就会产生——一旦这些资产被其他用户无限复制，那么它的价值就会陷入不稳定的波动。在这种情况下，就需要创建一个针对 UGC 的确权机制，把人们在数字世界里面创造的产品变成一个受保护的资产。在现实世界中，人们确权的方式往往是通过登记，如房主可以对房屋进行登记。如果产生交易行为，也需要对这个行为进行登记，明确房屋的所有权原本属于哪方，转移给了哪方，如此完成资产的交易。换句话说，在现实世界中的很多情况下，"证件"就是确权的标志。

值得注意的是，这样的证件往往具有一种权威性，只有由人们普遍信任的、不会质疑其公正与权威性的机构进行确权，才能避免确权发生混乱局面。很多情况下，这类机构都隶属一个国家的中央政府。而在元宇宙的数字世界中，没有中央政府的概念。元宇宙是一个开放的、公平的、完全自治的世界，在这样的世界中，人们对数字资产的确权和区块链提供的一套价值体系、区块链的加密体系是密不可分的。通过加密，可以把数据资产化，人们可以通过共识机制对交易进行验证和确认，为交易行为留下不可被篡改的记录。这一套完整的机制，能够帮助元宇宙的参与者完成对数字产品的确权，建立数字资产。数字创造和数字资产，是数字市场交易的前提，数字资产是数字市场进行交换的内容，如果资产不存在，市场也就不存在了。

元宇宙

数字市场

数字市场是整个数字经济的核心,也是元宇宙得以繁荣的基础设施。建立数字市场的最终目的,是繁荣整个元宇宙。有了数字市场,元宇宙的阿凡达,就有了盈利的可能。让利于阿凡达,让阿凡达在体验之余还能获得经济上的收入,是元宇宙成长的奥秘。

数字经济的蓬勃发展,带来了几种类型的市场扩张:第一种是进行实物交换的电商市场,如阿里巴巴、京东这一类,它们是最为我们所熟知的。第二种市场,交换的是创造内容的工具,如手机上的应用商店。在这个市场中,没有数字内容的交换,只有具备特殊性的、能够创造数字内容的虚拟数字商品,也就是各种 App 的交换。而第三种市场中发生的交换,就纯粹是数字内容的交换了。例如,给某段视频或图文材料进行"打赏",在游戏中"购入"一栋大楼、一个城镇、一辆汽车或一套"皮肤"等。

在元宇宙中,我们着重谈的是第三种,即交换纯粹的数字产品的数字市场。这一类数字市场的雏形已经形成。例如,玩家可以在一些网站售卖自己购买的"皮肤"和自己"养起来"的游戏账号等。但是,这种市场还不完全是我们所要讨论的数字市场,因为这样的交易并不是在元宇宙内部完成的。它们依赖外部的市场,与在游戏内部直接建立的市场进行的交易有一定区别。成熟的元宇宙的数字市场,其中交易的产品,其创造过程和实际交易都应该是在元宇宙中完成的。

假定《王者荣耀》有 1 亿名玩家,新"皮肤"发售的总销量不会超过玩家的数量。为了获得更大收益,"皮肤"被有计划地划分成不同的等级。最低等级的,所有玩家都可以买到,价格便宜,供应充足。等级稍高的，价格也更贵一些，但是供应依然充足。等级更高的，除了价格昂贵之外，也不一定能买得到，限量供应。"限量供应"这四个字是元宇宙经济的核心问题。在后面会着重分析限量供应背后的原理。

玩家购买"皮肤"的原因大致有二：首先，满足其内心的精神需求；其次，喜欢不同的游戏体验及在社交网络获得引人注目的满足感。

同样，Roblox 也设定了市场机制，玩家可以把自己制造的建筑、衣服等道具出售。不同的是《王者荣耀》是出售官方制作的"皮肤"，而 Roblox 内部的市场，交易的是玩家创造的产品。

数字货币

银行一般被认为是现代社会的标志，是资本主义社会区别于封建社会的要素，是人类社会进入工业时代以来，经营理念、技术进步、社会制度全面变革的产物。

我们目前处在工业时代向数字时代过渡的历史进程中，脱胎于工业时代的银行，如何才能跟上历史的步伐呢？其核心在于，银行体系要能促进而不是阻碍数字货币的发展。

在工业时代，人类社会完成了实物货币（黄金、白银等贵金属货币）向法币的转换。数字时代，人类社会必将完成从法币向数字货币的转换。元宇宙经济，则是全面应用数字货币的试验田。在元宇宙中，没有给法币留下空间，主要原因在于法币体系成本高昂，已经无法满足元宇宙经济发展的需求了。元宇宙经济的核心问题，就是数字货币的应用问题。

在《王者荣耀》游戏中，大家充值可以获得"点券"，点券可用于购买"皮肤"等各种道具；在《摩尔庄园》游戏中，充值可以获得"摩尔币"；在 Roblox 中，充值可以获得 Robux。游戏中代币名称五花八门。大家一定要充值吗？为什么不能直接花"人民币"或者"美元"这样的法定货币呢？

在物理世界中，每一笔交易，只要不是现金交易，就一定有银行参与其中，否则交易无法完成。根据是不是现金交易，可以把交易分成两种类型：现金交易和非现金交易。大家在日常生活中，小额交易多采用现金交易。体现为一手交钱、一手交货，钱货两清，交易完成。而商业行为中，一般采用非现金交易。非现金交易类型很多，如通过信用卡、汇票、电子转账、支票等。只要是非现金交易，就离不开银行。如果日常生活中的小额支付使用微信或者支付宝这样的第三方支付工具，银行就又隐居幕后了。可以说，物理世界中所有与支付相关的行为，都离不开银行的参与。因此，以银行为核心的金融体系是现代社会的重要标志。

但是在游戏中虚拟商品的交易，如果银行介入的话，成本太高、效率太低，无法满足玩家的需求。

物理世界中，每一笔交易（非现金交易），只是账目记录清楚，并没有发生货币的转移。这和一手交钱一手交货的现金交易不同。也就是说账、款是分离的。物理世界的交易双方都必须在银行开立账户，所谓交易，不过是银行从买方账户上记录一笔支出，从卖方账户上记录一笔收入，"钱"依然躺在"银行"的金库中。如果买方、卖方不在同一个银行开户，流程就会更复杂，涉及两个银行之间的清分和结算。所谓清分就是轧差账目，A 行要付给 B 行 2 亿元，B 行要付给 A 行 1 亿元，二者相抵则 A 行付给 B 行 1 亿元。结算就是根据轧账结果，如数把钱付给对方。更复杂的就是跨国交易，买方、卖方不在一个国家，这就涉及跨国的清分和结算。清算是需要成本的，跨国清算每笔大约需要万分之一的费用，而且还要几天才能到账。

在游戏中，有些玩家根本没有银行账户，儿童玩家多是用父母的账户充值。充值后，可以摆脱银行账户的限制，自由地购买游戏的道具。即便有银行账户，目前的会计、发票等体系，也无法支持游戏中虚拟道具购买这样的行为。总而言之，银行账户体系、会计体系、清分结算体系、金融监管体系都是为了应对物理世界中真实商品的交易，对于元宇宙这个新生世界，爱莫能助。

因此，大大小小的游戏，都开发了自己的充值功能，建立了自己的经济系统。

Roblox 的突破

游戏玩家可能已经注意到，尽管大多数的游戏都支持法币充值，兑换成游戏币，但是几乎没有游戏支持把游戏币再换成法币的。一旦游戏币和法币双向兑换，事实上就形成了两个独立的经济体，两个经济体之间，以"汇率"的方式建立货币之间的关系。

国家发行法币，其背后有一套非常复杂的模型，综合考虑经济发展、国际贸易、大宗原料价格、居民消费水平等一系列因素，才能决定发行多少货币。这就是经济学家常常争论的货币何以为"锚"。

在游戏中发行游戏币,并没有成熟的规定或者管理办法。如果游戏币与法币双向兑换,谁来负责维护游戏币和法币的汇率?如果游戏公司经营不善,卷款潜逃,那又该如何是好?在中国这样的大国,要实现游戏币和法币的双向兑换,不仅有技术问题,还包括经济问题,甚至会引发政治问题。

Roblox 开放了其货币 Robux 与美元的双向兑换,这无疑是影响巨大的示范。面对这样的新生事物,如何看待,如何应对,不仅是游戏产业自身的发展问题,而且关系到数字经济发展的问题和构建现代化经济体系的问题。

元宇宙经济的四个特征

元宇宙的数字市场具有"整体性"的特点,是结合艾哈德提出的"向社会负责的社会市场经济",在自由原则、社会平衡下,每个人具备对整个社会的道德层面的负责精神;其符合我国传统哲学思想的"整体观",即站在事物整体状况及其特性的视角,将国家、政府等多方的作用考虑进去,从全局角度分析数字市场特色、解决传统市场问题。

我们在物理世界中讨论这些问题,无疑会受到现实条件的制约,特别容易举出各种反例;一些革命性的思想萌芽,就被扼杀在摇篮之中了。元宇宙屏蔽了现实世界中一些无关紧要的现实问题,创造了自由思想的舞台。当我们讨论元宇宙经济的特征时,其实也反映了理想数字经济的特征。

在重新思考传统经济学的假设和"规律"中,我们指出元宇宙经济提出的"认同决定价值",取代了"劳动决定价值"的理论;认为边际效益递增,打破了边际效益递减的规律;认为边际成本递减,颠覆了边际成本递增的规律;注重市场设立的成本,从而把经济学家从画地为牢的思考,拉回到以社会为整体的思考框架中。这些都很容易在元宇宙经济中找到普遍的例证。

计划与市场的统一

数字市场是"计划"出来的

"数字市场是计划出来的",这句话估计会让新自由主义经济学家大跌眼镜,也会让新制度学派瞠目结舌。绝大多数的经济学家,只关心市场创立以后的发展如何,鲜有人思考市场到底是怎么产生的。

在元宇宙中,生产资料只有数字,而数字是无限的。无限的资源是无法形成市场的,但是,以《王者荣耀》为例,"皮肤"这个虚拟物品持续热卖,又如何解释呢?答案就是人为设计的"稀缺性"。数字是无限的,用数字为原料制作的"皮肤"在理论上也可以无限复制,而不会增加任何成本。形成数字市场的秘诀就在于"限量供应"四个字。

特别热门的"皮肤",往往会被限定每天最高发售量,或者发售总量。《王者荣耀》有1亿名玩家,以"西施"为名的"皮肤"假定限量1万套,这就人为地创造出"供应不足"的卖方市场。限量到底是 1 万套还是 100 万套,就要分析玩家的各种数据来决定。

元宇宙中,数据是丰富的,玩家是透明的。海量的数据加上精妙的算法,可以计算出一个最佳的上限,甚至可以计算出一个最合适的价格。假如,定价 999 元,被价格屏蔽的玩家只好望"皮肤"而兴叹。游戏中的道具市场,就是精确计算的市场。

在这个市场中,数据绝对充分,但信息并不透明。玩家并不知道皮肤总量有多少。当玩家可以掌握绝对充分的数据时,市场就变成了计划性的市场。

在物理世界,碳排放权交易市场就是明显计划性的市场。如果没有碳排放权总量的限制,就不会出现碳排放权的交易。

数字市场的特征之一,就是商品的总量控制受到计划的影响,而资源配置、自由竞争由市场机制完成。

计划与市场结合是中国的成功经验

中国的经济发展在过去 40 多年取得了令人震撼的成果,无论是国家能力(计划),还是市场能力(市场)都取得了长足的发展。传统市场中的很多问题是政府与市场、政府与社会治理边界的割裂造成的,导致计划存在片面性,市场也时常存在无效性。要使市场在资源配置中起决定性作用和更好地发挥政府作用,还需要将市场与政府计划融合起来。

从中华人民共和国成立之初的第一个五年计划,到现在的第十四个五年规划,这是我国经济整体性、计划性的表现。各类要素市场的发育完善,是我国经济市场化、灵活性的体现。我国正是长期坚持计划与市场的统一、协同,才有了今天的建设成果。

打着新自由主义旗号的一些经济学家,让政府和市场站在对立面,把有形的手和无形的手放在一起,让计划经济和市场经济交互作用。这都是二元论、机械论的世界观,没有看到这些概念之间对立、统一的内在完整性。

在他们对立的世界观中,人为高效的市场和有为的政府是矛盾的,水火不容的,但是恰恰在数字市场中,两者是高度统一的。

数字市场中计划和市场的统一性

通过数字技术赋能建设高质量的数字市场体系,既可以完善市场竞争的基础地位,又可以充分体现政府计划的重要性,是二者的有机统一。最终,生产要素市场的总量控制受政府宏观调控的影响,而数字市场中的资源配置、自由竞争要由市场完成。

首先,基于要素市场总量的调控是计划的机制。数字市场中包含了传统市场中广泛存在的要素市场,其中关于土地和人口的数据更翔实,可用土地总量自中华人民共和国成立之日就固定了,人口数量相对恒定,没有多少弹性空间。因此,对稀缺要素需要进行科学的调配,数字市场中数字技术的赋能就是进行计划调控的有效途径。这部分权力事实上也应该掌握在政府手中,数字市场经济基础设施透明、实时、完整反映的信息,能够反映出要素市场状况、整个社会经济的状况,为政府的计划提供了实时、科学的原材料,能够最大限度地实现真实世界映射的"保真"。因此,政府可以基于此制定决策,进行宏观的计划调控,提高决策的科学合理性,有节奏地释放和回收各类要素,如土地市场的供给、数字资产的确权使用等。最终目的是实现推进国家治理体系与治理能力现代化对要素市场建设的要求,实现要素价格市场决定、流动在政府的宏观调控下自主有序，最终实现配置高效公平。

其次，资源配置通过市场的机制实现。从主体来看，每家企业获取订单、采购原材料、组织生产的环节都完全地利用了市场机制。这些信息能够在数字市场中完整地呈现，能够打破传统市场由于封闭性导致的信息不完全现象。满足完全市场的基本假设，让市场有效性大幅上升，让资源配置水平接近理想状态。更进一步，在某些特定的行业中，市场机制甚至成为一种新型的组织方式。

在上述两种机制的作用下，数字市场中的组织与市场，甚至政府这类特殊的组织与市场的边界变得模糊。政府不仅可以被看作数字市场中通过计划控制要素总量的机构，也可以被看作带有计划的组织组成市场的一部分。政府一方面保障了市场的有效性，另一方面参与了市场交易的全过程。因此，政府的计划自然而然地融入了数字市场的市场机制，这一特点完美地结合了市场与计划，实现了二者的统一。

在数字市场中，两者的协同将两只手合二为一，计划的手段和市场的手段完美地统一在一起，相互影响、相互促进、相互制约。计划和市场不再是传统经济学中两个水火不容的对立的手段，而是体现出了计划越科学、市场干预就越有效的特点。数字市场中看不见的手与看得见的手相握，成为包罗万象的"如来神掌"。这已经成为数字经济发展的核心力量，成为推进经济布局优化和结构调整的抓手。数字市场自身成为实现微观主体有活力、市场机制有效、宏观调控有度的自然而然的一个载体。如果现实世界的市场参与者也能够了解某种商品的总量与消费需求量，传统市场也有可能体现出一定的计划性。可以说，数字市场中计划与市场结合这一特点的出现，对物理世界也存在启示意义。

生产与消费的统一

在物理世界的传统市场中，商品从生产者到消费者之间要经过数个环节，从生产环节到主干物流、大仓储、支线物流、小区附近，再到消费者手中，中间任何一个环节都有可能由于主观或客观原因出现信息不通畅的现象，最后造成库存量和消费成本的增加。

把传统市场映射到数字市场，企业能够整体地洞察需求端，有多少用户、有多少需求、有多少潜在需求都能够被呈现。因此，当企业能够匹配到每个人的需求的时候，就可以将资源匹配到市场需要的地方，企业将更有针对性、定制化、细粒度地按需生产。这样不仅会大幅减少资源的浪费，企业之间的恶意竞争也将下降，从而腾出关注竞争"内耗"的手去满足暗藏在市场中的长尾需求。这一环节还可以通过技术决策或交由更加高效、更低成本和更精准的计算机来完成。剥离了"人"的因素，也就大幅削弱了由于"人"造成的不确定性、不稳定性以及认知的局限性。

更进一步来看，在元宇宙中，原来传统市场的商品到消费者手中要经过的数个环节都不存在。没有物流环节，更没有主干物流、支线物流；没有仓储环节，更没有大仓储、小仓储。这样就不存在任何一个环节的信息不畅的问题。

在从生产到消费的宏观链条中，物理世界需要流通环节，数字技术则把流通环节数字化，提高了效率。元宇宙中根本没有流通环节，生产和消费自然而然是统一的。物理世界中，通过数字化进程，它们也正在趋向统一。

在数字市场中，生产与消费统一，这也是计划与市场统一的微观表现。

监管与自由的统一

实现监管与自由的统一，就是实现数字市场的良好治理。至于监管是通过社区自治、独立第三方监管还是由政府来监管，则是在实践中取得平衡的问题。

比特币不成功的自由实验

比特币是秉承着极端去中心化的思想建立的第一个社区自治的实验，但是从其发展历程来看，并没有实现创始人中本聪最初的理想。比特币没有成为严格意义上的数字货币，只是第一个加密的数字资产。其价格已经完全被人操纵，没有任何自由意义。

2021年2月，特斯拉提交给美国证券交易委员会的文件中显示，特斯拉购买了15亿美元的比特币。3月，马斯克在社交媒体上宣布可以使用比特币购买特斯拉，消息一经提出，比特币的价格一度达到64000美元每单位。到了5月，特斯拉又宣布关闭比特币的支付渠道，比特币暴跌近50%。最近，受到中国政府全面整顿矿机行业的影响，比特币的价格跌至31000美元每单位。

马斯克充分利用其社会影响力操纵比特币市场。如果比特币归美国证券交易委员会管理，或者归中国证监会管理，马斯克很可能受到处罚。可惜这只是假设。马斯克的行为只是比特币市场被操纵的一个例子而已。

绝对的自由一定导致绝对的垄断。在物理世界中,大家对于垄断监管已经形成了法律,中美两国都出台了反垄断法,然而对于比特币都不适用。那是一个由代码决定的完全自由的世界,但是自由的理想,最终还是要面对被操纵的现实。

虽然以太坊在比特币的基础上,做了大量的改进,但是币值如果不稳定,最终也会伤害以太坊的元宇宙。

理想的市场经济

监管的初衷在于确定边界、维持稳定的环境、明确参与各方的义务与责任。不论在什么市场中,道德风险、投机行为都是难免的。在数字市场中,如果没有监管,用户的自由是得不到保障的,平台有可能通过数据优势、技术优势人为地制造信息不对称而造成垄断,限制市场参与者的经济自由。因此,需要监管作为"方向锁""惩戒棒"来保障市场运行。市场中的自由则是指参与市场的各方在市场中的活动不会受到任何干预,自由竞争、自由市场、自由选择、自由贸易及私有财产能够得以保障。市场的自由并不是无限的自由,而是保障市场有效运行的自由。"理想的市场经济,是一个市场上每一笔交易都能够受到监管、登记和事后责任追究的经济,而不是芝加哥学派和华盛顿共识鼓吹的放任自由的经济。一个好的经济制度是一个能够建立和实施严密市场监管的制度,而不是新制度经济学派缺乏内涵的抽象的'一切市场皆可为'的'包容性'

元宇宙

制度。"①

监管手段滞后是市场自由受限的原因

一个健全的、具有高度适应性、竞争力、普惠性的现代数字市场是推动发展先进数字产业、振兴实体经济的"定海神针"。这就需要完善基础性制度建设,大力发展监管科技。数字经济的发展是大势所趋,蓬勃发展的数字经济深深地改变着人类的生产生活方式,也改变了传统监管与自由的关系。在数字市场中监管与自由是统一的,监管并不是为了限制市场的自由而存在,而是可以看作为了满足大多数人的自由,维持市场的有效性的必要措施。

事实上,在数字市场里,监管是极其重要的新兴的技术保障,是数字经济运行的关键。如果没有这个监管,就如同传统失效的市场,就不可能实现理想中的自由。并且在数字市场里,监管的边界其实是动态的、可协调的。市场是瞬息万变的,如果靠人工、非实时监管,由于市场失灵造成的损失可能早就产生了。如果是在人工智能等技术的赋能下,形成了完善的监管制度并依此执行,问题将迎刃而解。因此,监管必须是与数字市场同步运行的,只有这样,规则才能落到实处,将市场中可能发生的风险控制在萌芽状态,保障市场的平稳运行。

就数字市场而言,监管科技的滞后已经明显制约了产业的发展。产业发展存在监管盲区、监管缺位、监管失当三大问题。所谓监管盲区,就是看不到,不知道应该监管什么;监管缺位,是看到了管不到;监管

---

① 文一.伟大的中国工业革命——发展政治经济学一般原理批判纲要[M].北京:清华大学出版社,第176页.

失当，则是缺乏精细的监管手段，而造成实践中"一刀切"的现象。

从根本上讲，监管有多充分，市场就有多自由。因此，必须尽快发展监管科技，解决监管体系中的三大问题。

行为与信用的统一

在数字市场中，行为主体的信息、数据、操作都会形成行为主体在数字空间中的一条条的痕迹。一切行为都是被记录的，都是可以被追溯的。在数字市场中，任何行为都将直接与行为人的信用挂钩，因此行为就构成了信用。例如，在淘宝这个电子商务数字市场中，商品的交易记录、买卖的数量、评价的好坏、物流的速度、退货的比例、客服的介入、重复购买比例等数据都会被完整地记录。市场参与主体的每一步行为、每一个操作都构成了其信用的轨迹，从而代表了主体的信用水平。只要保障数字市场的监管，信用就能被行为完整地反映，从而促成市场的良性循环。

在元宇宙中，连阿凡达自己都是数字化的，可以说一切皆数字化。信用就是数字化行为的总和。一切规则都是由软件来定义的，交易的逻辑、安全性、行为步骤都必须经过技术手段的确认。例如，区块链技术中的智能合约、代码设计成为各参与主体共同确认的形式。一旦写成，任何人在设定的节点之外，根本无法篡改信息，一切行为都是被设定好的，只能被完整执行。在这种共识机制下，行为人如果要进行交易，就必须根据软件定义的规则行动。在这样的数字市场中，交易行为不再需要传统银行的介入，甚至连第三方平台诸如支付宝都成了"累赘"。从交易规则这个层面来看，过去的第三方监管被自组织、自管理、自监管取代。因此，交易行为必须符合软件定义的信用，"强制"性地让参与各方的信用得到保障，使数字市场中的行为与信用得到统一。

正如在本章开头所指出的，元宇宙经济是数字经济的特例，是其子集，但也是一种最活跃、最彻底的数字经济。元宇宙经济的特征，在一定程度上反映了数字经济的特征和趋势，从而对于数字经济的发展具有借鉴意义。

实现 DC/EP 在元宇宙经济中的法币地位

DC/EP（Digital Currency/Electronic Payment，数字货币/电子支付）不但是元宇宙金融体系的基础，更是整个数字经济的核心。元宇宙提供了典型的、大规模的消费级应用场景，这个场景是超越国界的、不分种族的。因此，DC/EP 在元宇宙中的应用，是有助于构建元宇宙经济体系的，同时元宇宙也是 DC/EP 完成数字经济发展使命的根据地。元宇宙发展迅猛，如果 DC/EP 不去占领元宇宙，自然会有其他的阉割型代币（如 Q 币）或者加密货币（如以太坊）去占领。

各种数字货币已经在割据市场

传统上，货币具有价值尺度、流通手段、贮藏手段、支付手段等基本功能。价值尺度功能体现在衡量和标记商品的价格；流通手段等同于交换媒介；贮藏手段是时间维度的概念，货币长时间存储起来，依然拥有原来的购买力。法币兼具这三个功能，不可分割，但是数字货币的应用程度不同，甚至在有些场景中取代了法币的部分功能。

譬如盒马鲜生，这是马云倡导的新零售的代表。去盒马鲜生购物，只能用盒马鲜生的App支付，唯一的支付渠道是支付宝，默认的付款方式为"蚂蚁花呗"。事实上，支付宝中的"余额"就是数字货币，在盒马鲜生等新零售场景中，余额取代了人民币流通手段的功能。花呗和余额宝都是"余额"这个数字货币的衍生金融产品，分别用于分期付款场景和理财场景，本质上是借贷业务和投资业务。

数字货币高度依赖支付场景。DC/EP试点应用，大多是和大型电商合作，限定期限内使用DC/EP购物。对消费者而言，是不是DC/EP，并无明显的差别。但是在元宇宙中则截然不同。

元宇宙是承载DC/EP的最佳场景

游戏是元宇宙的雏形，在游戏中得到应用，就可以自然而然地推广到其他元宇宙应用中。游戏中经济体量巨大，而且处在高速发展阶段。根据中国音教协游戏工委的数据显示，2020年，中国游戏市场实际销售收入2 786.87亿元，比2019年增加了478.1亿元，同比增长20.71%。

在游戏中，存在大量的充值余额，对于消费者而言是巨大的损失。很多情况下，在游戏中充值的金额并不会被完全消费。如果游戏充值形成的货币，在不同的游戏中都能使用，对于刺激消费者的消费欲望无疑有巨大的影响。

我们已经谈过，现有的账户支付体系，满足不了游戏日新月异的交易需求。*Roblox* 发行了自己的 Robux 币解决了 *Roblox* 元宇宙居民的消费需求。Robux 只能在 *Roblox* 的平台上才能使用。《王者荣耀》的玩家，显然就不能使用 Robux 币。

最有可能跨平台承载元宇宙底层货币功能的候选者，以太坊无疑算一个，但是以太坊的性能一直饱受诟病，尤其是对于游戏这种对效率要求极高的场景而言。基于以太坊，人们开发了许多加密货币游戏，但是这些游戏创造的商业价值，无法和成熟的游戏相提并论。

站在游戏开发商的立场来讲，建立自己的虚拟货币体系，是有利的事情。从构建未来的元宇宙生态来讲，必须有独立于单一游戏的货币体系，才能真正促进元宇宙的发展和元宇宙经济的繁荣。

中国的元宇宙必须基于 DC/EP 来构建，这是毋庸置疑的，也是势在必行的。

自然而然的出海通道

DC/EP 出海，是人民币国际化的重要途径。游戏，是跨国家、跨民族，甚至是超越文明的面向 M 世代年轻消费者的应用。在游戏中，采用 DC/EP，甚至可以达到不动声色之间，轻舟已过万重山的境地。

阿凡达在元宇宙中辛辛苦苦赚到的 DC/EP，为什么不可以让他们换成本国的法币呢？在中国，DC/EP 不存在和法币兑换的问题，DC/EP 本身就是法币。在其他国家，DC/EP 和法币兑换，自然而然就是完成了 DC/EP 出海的使命。

在物理世界，大国间的博弈日趋激烈，美国正在各个领域与中国进行博弈，不但要把中国排除在科技发展进程之外，而且要把中国排除在金融体系之外、国际社会之外。且不论美国的意图能否达成，中国目标非常明确，就是加强国际间的联系，形成更广阔的统一的大市场。

当我们在物理世界中构建统一市场障碍重重的时候，在数字世界的元宇宙中，构建统一的数字市场，几乎没有任何阻力。因为年轻的游戏玩家是不分国界的。

游戏不仅是文化传播的载体，更是构筑全球统一数字市场的先锋官。DC/EP需要在游戏中进行深入应用，促进游戏的繁荣，促进游戏"出海"，形成真正的元宇宙经济，进而拓展到数字经济。

从游戏到元宇宙，从元宇宙到数字经济，从数字经济再到传统经济，既能促进元宇宙成熟，又能引领数字经济发展，是一条推进DC/EP深入应用的清晰路径。

我们必须从元宇宙的语境、国际话语权的争夺、文化输出的背景、数字经济的先锋、DC/EP构建数字金融体系的角度，重新审视游戏的引领性和带动性的战略价值。游戏不过是元宇宙的雏形，元宇宙的构建需要从其构成要素方面多加思考、多方协同、共同推进才能形成繁荣的局面。在数字创造领域，可否提供简单易用的创造工具来支持用户原创的内容？可否内置社交网络来形成社会化网络效应？可否建立高效率低成本的交易市场来让内容创作者获利？可否建立超越元宇宙的数字货币体系？前三个问题的解决可以依赖元宇宙的创业团队，第四个问题则有关元宇宙基础设施的建设，必须上升到国家层面，才能系统性地解决问题。

自治的乌托邦

> 但是,请你一定要记住!能导致这世界灭亡的并不是他,而是人类,是人类自己!
>
> ——游戏《恶魔城:月下夜想曲》

以程序正义为名的"不作为",和以"不作恶"为口号的互联网公司,实际上都阻碍了社会发展的步伐。当挟"数据"以令诸侯的事件成为常态后,社会已经深刻认识到,数字霸权,正成为影响社会治理的一个重要问题。

去中心化的尝试是对数字霸权的反抗。智能合约正在构建新型的治理方式,在某种意义上,它同时制约了不良的个人和不良的程序带来的负面影响,在世界范围内,形成普遍的合作机制。

应对大面积的灾难事件、处理法制之上有悖道德的不良行为,不是去中心化治理模式擅长应对的领域。不过,去中心化治理模式刚刚诞生不过十年之久,且在快速地发展变化,或许,解决方案就在未来的不断演化之中。

建立"桃花源""乌托邦"那样的理想社会，一直是人类孜孜以求的目标。每个民族在各自的历史上都曾饱经战乱、灾难、疾病之苦。好的社会治理，除了能维持社会基本运转、经济平稳增长之外，还能挽狂澜于既倒，扶大厦于将倾。救民于水火之中的应急处理能力，更是衡量社会治理能力高低的重要评判标准。

元宇宙中没有战乱、灾难、疾病，即便有，也不过是"创世者"制造的新奇体验而已。元宇宙不是孤立的存在，只要人还有"肉身"，元宇宙就注定无法完全摆脱物理的约束。因此，元宇宙的治理，同样也需要考虑事关全局的重大公共利益、公共安全及危机发生时有没有应对之策？元宇宙经济学中，是否还有"看得见的手"发挥作用的空间呢？

当我们把视野从元宇宙经济的角度，切换到元宇宙社会治理的角度，首先需要清醒地认识到，正是在经济领域行之有效的规则，成了制造社会问题的温床。

元宇宙

美国政府"不作为"vs 平台公司"不作恶"

当地时间 2021 年 6 月 24 日,美国佛罗里达州迈阿密 - 戴德县瑟夫赛德镇发生一起公寓楼局部坍塌事故。事故楼房中共有 136 套住房,其中 55 套在坍塌中损毁。

2021 年 6 月 29 日,美国佛罗里达州迈阿密公寓楼倒塌事故的遇难人数升至 12 人,仍有 149 人失踪。

6 月 30 日下午,美国佛罗里达州迈阿密 - 戴德县官员在新闻发布会上表示,该州近日发生的公寓楼局部坍塌事故,已致 18 人死亡,仍有 147 人下落不明。

这样一起严重的事故,折射出许多社会治理方面的问题。不同的理念、不同的技术基础,可以给出不同的解决方案。关于这场事故的成因,网上众说纷纭,扑朔迷离,要等到当地政府公布调查结果估计是旷日持久。

迈阿密公寓楼倒塌事件,有没有好的治理方案?

商业保险不是一个好的答案。商业保险是以个人或者家庭为单位的投保。有的公寓楼居民难以承担保费。保险公司最多只是赔付给买了某个险种的住户,没有责任和义务去善后。

公寓内的每个房屋,产权隶属不同的个人。所有基于产权的保险、救助机制,都无法解决迈阿密公寓整体问题。没有人或者机构为迈阿密公寓整体事件承担责任。迈阿密公寓毫无疑问会面临年久失修的问题，这是危害所有公寓居民公共利益的问题。当这个问题出现时，大家只好去找"业主委员会"。但是业主委员会又有什么能力和资金处理这个公共事件呢？

迈阿密公寓悖论体现了居民的产权和公寓公共安全之间的矛盾。

房屋维修基金方案

房屋维修基金包括两个部分，分别是房屋公用设施专用基金和房屋本体维修基金。房屋公用设施专用基金设立的目的，是为物业共用部位、公共设施及设备的更新、改造等项目提供资金。本项专用基金的使用遵循"钱随房走"的原则，账户里的余额在房屋转让时会转移给新的产权所有人。

中国的房屋维修基金制度始于1998年，2004年开始，它成了房屋办理产权证时必须缴纳的费用。2008年，其缴纳标准由最初的"按购房款2%—3%的比例缴交"变为"按住宅建筑安装工程每平方米造价的5%—8%缴交"。

房屋维修基金在一定程度上可以解决迈阿密公寓悖论。大家在购买公寓的时候，要为可能出现的公寓公用设施提前支付一笔费用，用于公共维修的支出。如果房屋维修基金被挪用，问题就大了。在中国，有配套的监管措施，保证这笔钱专款专用、钱随房走。在元宇宙中，就需要利用区块链去中心化的机制，设定智能合约，确保每个公寓的业主都缴纳维修基金，且不能挪作他用。

当然，现实物理世界中"麻烦"很多。法律多如牛毛，智能合约在技术上可以做到图灵完备，但是在现实中，是否可以实现法律完备，的确值得商榷。

2021年4月10日，国家市场监督管理总局公布处罚决定书，责令阿里巴巴集团停止滥用市场支配地位的行为，并对其处以2019年中国境内销售额4557.12亿元4%的罚款，共计182.28亿元。同时向该集团发出行政指导书，要求其全面整改，并连续3年向国家市场监督管理总局提交自查合规报告。182.28亿元，是中国《反垄断法》实施以来开出的最大罚单。

这张最大罚单的出现，代表着中国对于平台型公司的治理就此拉开帷幕。

谷歌公司"不作恶"的理念

谷歌"永不作恶"的企业宗旨形成于1999年。谷歌创始人之一阿米特·帕特尔（Amit Patel）和一些早期员工担心，当商业人士加盟技术驱动的谷歌之后，他们未来可能出于客户的要求不得不更改搜索结果排名，或者在一些他们不愿意开发的产品上付出精力。谷歌创始人的一封信（后来被称为"不作恶的宣言"）中有这样一句话："不要作恶。我们坚信，作为一个为世界做好事的公司，从长远来看，我们会得到更好的回馈——即使我们放弃一些短期收益。"

最早看到谷歌公司"不作恶"的理念时，人们感到很奇怪。这不应该是所有公司的底线吗？怎么成了最高目标和必须坚持的原则？不作恶很难吗？但随着对于平台型公司的研究，对于社会学结构洞理论的学习，人们发现"作恶"是所有平台型公司的宿命。

2015年，谷歌似乎也意识到了什么，悄悄地将其著名的格言从"不作恶"（Don't be evil）改成了"做正确的事"（Do the right thing），从此在赚钱的道路上狂奔，不再理会善恶的说教。是啊，既然做不到，为什么还要说呢？

在网上随便一搜，谷歌可谓劣迹斑斑。

面对利润，谷歌的广告部门主动帮助卖假药者规避合规审查，导致假药、走私处方药、非法药物（如类固醇）的广告网页在搜索结果中大量出现。本案由FBI调查，于几年前和解，谷歌被罚款5亿美元。

"阿拉伯之春"是在阿拉伯国家发生的一次颜色革命浪潮。2010年突尼斯的自焚事件被视为整个"阿拉伯之春"运动的导火线。埃及总统塞西表示，阿拉伯发生的"革命"导致100多万人死亡，并给基础设施造成近1万亿美元的损失。根据一些国际评估结果，在叙利亚、伊拉克、利比亚和也门等国发生的事件同样造成巨大损失，其中仅基础设施损失就达到9000亿美元。这些事件还造成超过140万人失去生命，1500多万人沦为难民。此前被认为是"阿拉伯之春"成功典范的突尼斯，年轻人的失业率约为35%。从经济上看，该国GDP增长自2010年以来一直停滞不前，人均GDP甚至从每年4000美元下降到3600美元。

在这场席卷而来的阿拉伯的颜色革命浪潮中，谷歌、Facebook等公司，扮演了很不光彩的角色。这些大型互联网公司，利用其手中的垄断信息、垄断数据，从"屠龙少年"，最终变成了"恶龙"本身。

中心化节点 + 趋利商业追求,最终走向作恶的深渊

旅客通过一些旅游类 App 购买机票,App 通常会搭售保险。延误险是一个常见的险种,保费低廉,赔付金额也不算高,属于大多数人都可以承担的险种。尤其是在夏季,旅客会遇到因天气不良造成的各种延误,因此这一险种的购买率比较高。

在这个例子中,有消费者、旅游 App、保险公司三方。其中消费者和保险公司之间的联系完全通过旅游 App 建立,旅游 App 是这三方的中心节点。正常的流程,是消费者下单、购买机票、购买延误险。旅游 App 记录消费者的购买信息,把机票数据传送给航空公司,保费传送给保险公司。保险公司收到保费后,消费者投保成功。

保险公司和消费者之间并没有直接的联系,如果旅游 App 截留了消费者投保数据,保险公司对此也一无所知。在理想的情况中,消费者下单购买机票、保费的同时,航空公司、保险公司会收到消费者的购买记录。由于这一切必须通过旅游 App 来完成,就存在旅游 App 作恶的风险。飞机延误并不是每次都会发生,消费者也不是每次消费都会购买延误险。双方都是"或有"的情况下,旅游 App 就有了作恶的空间。它完全可以把部分消费者投保的钱款据为己有。消费者不知情,保险公司也无可奈何。

相信现在很多乘客在打车时有类似的经历:身边明明一辆辆空驶的出租车呼啸而过,网约车 App 却给你叫来一辆远处的车。这辆远处的车,很可能还是价格比较贵的高端车型。

乘客和司机互不知道对方的需求,只能通过网约车 App 建立联系。网约车 App 就是乘客和司机之间的中间节点。凡是作为中间节

点的商业组织，都会有利用数据霸权来获取最大商业利益的动机。

商业组织获利是天经地义的，但是如果因为获利的需求，而开始干预本该自由、透明流动的数据，作恶的潘多拉魔盒就被打开了。

谷歌在成立之初提出"不作恶"的口号，就是因为担心商业利益导向会影响搜索结果的排名。但是现在，谷歌可以以各种理由为借口，有时候是"人权"，有时候是"正义"，来肆意干涉搜索结果。澳大利亚的媒体曾被谷歌屏蔽，这相当于澳大利亚这个国家在谷歌上消失了。Facebook 也不遑多让，澳大利亚政府要 Facebook 为澳大利亚媒体原创的内容付费，这一要求导致的结果，就是 Facebook 直接屏蔽澳大利亚的所有媒体。

这类事件的顶峰，就是美国主流互联网平台联手封杀特朗普，使其在互联网世界中消失了。

SWIFT——华尔街作恶的工具

银行间的结算系统是环球银行金融电信协会（SWIFT），也叫作环球同业银行金融电信协会。SWIFT 的总部设在比利时的布鲁塞尔，它是一个国际银行间非营利性的国际合作组织。SWIFT 设立之初，为各国银行提供了快捷、准确、优良的服务。但是其逐渐沦为金融霸权的工具。事实上，如果不能接入 SWIFT 网络，就很难开展国际贸易。

假如一个中国企业要采购巴西的大豆，由于国际间贸易结算需要使用美元，中国企业就需要把人民币兑换成美元支付给巴西的企业。跨国的货币兑换需要各国银行的配合完成，交易过程中，中国的银行对巴西的银行进行大额支付业务时，就必须通过 SWIFT 系统。华尔街的金融大鳄因此嗅到了商机：中国的银行机构需要买入美元用于跨国支付。针对中国大额交易的金融套利活动就悄悄展开：华尔街大鳄动用大笔资本购入美元，制造美元供不应求的局面，等中国需要使用美元支付时，发现美元汇率已经上涨了，中国不得不花费额外的成本去购入美元。换句话说，使用 SWIFT 系统，就把各国所有的重要跨国贸易，统统暴露在华尔街大鳄的面前。美元作为国际贸易的中介，成为他们从中渔利的工具。

美国对伊朗、俄罗斯的经济领域施加的最严厉的制裁，莫过于禁止其接入 SWIFT 系统。

蒂姆·伯纳斯-李发明了网页浏览器，人类从此进入互联网时代，他被尊称为"互联网之父"。开放、平等是互联网发展的初心，而大型的互联网平台公司犹如数据黑洞，吞噬一切数据，形成垄断霸权，从而利用中心节点的信息优势，开始剥夺人们自由、平等获取数据的权利。蒂姆·伯纳斯-李忧心忡忡地认为，当下互联网的发展已经背离了互联网的初衷。

最终，互联网巨头们，都活成了他们自己讨厌的模样——作为巨无霸型"中介"，形成了事实上的垄断。

去中心化的尝试，理想照进现实

中心化商业组织的天然垄断倾向，是根植于其商业基因中的。毫无疑问，这些大型的组织，在推动人类进步方面依然功不可没。但是时代车轮毕竟滚滚向前，人们总是在探索破解之法，建设一个新世界。

最早、最成功的实验，就是比特币。尽管我国目前正在严厉整治"挖矿"（比特币发行机制）行业，但比特币带来的去中心化思想，天然就是对抗互联网巨头、银行等中介机构的武器，也是人类在商业化治理中的探索。

比特币，去银行中介

在比特币交易中，是不需要银行的。也就是说，无论是跨国交易还是个人交易，都不需要经过银行这个中介，自然也就不再需要 SWIFT 系统，华尔街大鳄想要兴风作浪，也不再有任何的信息优势。

比特币是一个完全使用点对点支付改进版电子现金，支持一方直接发送给另外一方的在线支付方式，无须通过金融机构。

在以黄金、白银、铜板这些贵重金属作为货币的年代，是没有银行这个概念的。大家的支付，就是最自然、最原始的点对点支付。所谓点对点，就是买方直接把"钱"交给卖方，不经过任何中间环节。这样的支付方式，从实物货币诞生以来，就是最主流的支付方式，也是所有经济活动的基础。

比特币在数字世界恢复了人类历史上最古老的支付方式——一手交钱一手交货，没有中间商赚差价。

"智能合约"去第三方的自治商业

在现实商业环境中,事情总有先后发生的次序。就一手交钱、一手交货这个最简单的情况,如果涉及大额资金,也可能陷入"你先给钱"与"你先给货"的矛盾中。买方担心自己付了钱,拿不到货;卖方担心自己给了货,拿不到钱。

中介组织——银行给出的解决方案,就是开立共管账户。资金打入共管账户中,共管双方都同意,才能动用共管的资金。商业流程就变成:第一步,找银行开立共管账户;第二步,买方把资金汇入共管账户中;第三步,卖方发货;第四步,买方确认收货;第五步,共管账户资金汇入卖方账户;第六步,注销共管账户。

银行事实上承担了在商业行为中终极信任者的角色,大家都信任银行。但是如此一来,银行的中心地位又回来了。比特币建立去中心化银行的理想,岂不是又落空了?

在智能合约中,算法取代了银行的位置。利用智能合约,"一手交钱、一手交货"的商业流程变成:第一,开发智能合约,锁定买方的部分资金,确保有足够的资金用于支付货款;第二,卖方发货;第三,智能合约自动确认收货信息,收货一旦确认自动执行智能合约中约定的转账协议,自动向卖方账户转入提前锁定的资金。智能合约取代了银行和共管资金账户的功能。

智能合约之所以成立,就是因为基础的交易环节都在区块链上完成,每个交易环节都被精确记录并且不能修改。

区块链，去中心化的账本

记账是区块链的核心，确保账本不被任何人修改，是通过其一系列的技术和算法做到的。

在上文中，我们用消费者、旅游App和保险公司三方参与的一个消费场景，说明了中心节点旅游App具有信息垄断的权利。旅游App到底垄断了什么？其实就是消费者的投保记录。消费者购买保险的"记录"，只有旅游App一家掌握。换句话说，只有旅游App记了账，"某年某月某日，张××从××保险公司，购买了延误险一份，支付金额×元"。当旅游公司隐藏了这个账本，保险公司也就无从查证了，想去找旅游公司收钱都没有任何依据。

但是区块链则不同，其实现了分布式账本的机制。如果在区块链上，"某年某月某日，张××从××保险公司，购买了延误险一份，支付金额×元"这个信息，是区块链上所有节点都会同时记录的信息，而且是对所有节点开放的。旅游App是区块链上的一个节点，保险公司也是区块链上的节点，消费者购买延误险的同时，旅游App和保险公司都记了账，双方的账一模一样，且谁都不能单方面修改。这样，信息就在节点之间完全透明，节点都是平等的，没有任何一个节点可以藏匿信息。基于这个公开的账本，保险公司可以理直气壮地找旅游App结算，旅游App应该付保险公司多少钱，就得付多少钱。

这就打破了中心节点垄断信息的霸权。

元宇宙

两种治理方式的比较

中心化组织+监管机构是物理世界中最典型的治理模式，古今中外，概莫能外。数字世界中，区块链技术实现了去中心化组织+智能合约自治的模式。

银行业有银监会监督，证券业有证监会监督，互联网平台现在被市场监管总局监督。这种治理模式至少在物理世界还是行之有效的。中心化组织利用数据霸权为所欲为的时候，不得不顾忌头上的达摩克利斯之剑。

在区块链构成的去中心化世界中，正在构建新的治理模式。去中心的治理模式，到底去了什么中心？我们先从物理世界中电影产业的治理说起。

电影产业的治理

电影这个行业，是在物理世界生产、在物理世界消费、在数字世界体验的特殊行业。其资产类型是典型的高价值数字资产。

早期的电影采用胶片摄影机拍摄，电影就是一卷卷的胶片。现在几乎没有人再利用胶片技术来拍电影。偶尔有一两部，宣传的重点往往在于胶片电影特有的质感。取而代之的是数字技术，电影从存储在胶片上，变成存储在硬盘中，成了一个个数字文件。无论是胶片还是数字文件，对电影产业而言，盗版都是大敌。

电影的制作方要防范盗版，大都采取加密数字文件的方式。只要不知道密钥，就算盗取了数字文件也无法播放。另一种方式是使用昂贵的电影播放设备。例如3D类型的电影，需要专用设备播放。控制专用设备也是保护电影文件的可选方法。

电影产业有制作方（拍摄电影）、发行方（销售电影）、院线（播放电影的影院，为了简化讨论，其他播放渠道如网上点播等忽略不计）。这三方收益如何分配？在产业发展的不同阶段，三方之间的分配比例略有不同。中国发行方比较强势，就会占据较大的份额。海外更重视原创剧集，制作方就可能占更大的份额。具体比例是行业博弈的结果。

但是有两个最重要的问题：不管三方份额如何，票房总收入谁说了算？院线和票务公司收到的资金，该如何归集？只有知道准确的总票房，电影产业的各个环节才知道分配的总盘子，知道自己按照比例可以分多少。票房收入的资金必须专款专用，及时地分配给各个参与方，才能皆大欢喜。

我国专门成立了一个部门来解决这两个问题——国家电影事业发展专项资金管理委员会办公室（以下简称"专资办"），它是中宣部直属的事业单位，负责国家电影专项资金的征收、使用与管理；负责全国电影票务相关信息系统的建设、管理等工作；负责监督、协调省级电影专项资金管理委员会办公室相关工作；根据授权，利用信息技术手段实施电影票房市场监督管理，开展电影产业相关业务服务等。

其中一项重要的工作，就是管理全国电影票务综合信息管理平台。按照专资办的规定，所有发售电影票的公司，必须在 10 分钟内上传电影票销售数据。这就及时地完成了全国总票房记录的任务。同时，根据电影票销售数据，监管票务公司的资金。

既然专资办解决了电影产业的两大核心问题，它也会在每张电影票中分"一杯羹"。目前专资办提取 5% 的票面金额，作为服务费用。

专资办给电影产业记了"账"，还监督不同环节的票房分配。这是专资办对于电影产业的基础性作用。可以说，如果没有专资办，就没有电影产业。

专资办有一个重要的功能，在疫情防控期间表现得尤为突出。疫情防控期间，电影院门可罗雀。几乎长达一年时间，这个产业没有任何收入，一些制作方、院线陷入濒临破产的境地。这时，专资办历年累积的小金库发挥了作用。这相当于电影产业的"大家长"拿出点"私房钱"，救助苦苦挣扎的产业。不得不说，专资办的资金，还是支持电影产业渡过了寒冬。

区块链的治理模式

用区块链技术实现电影产业的治理方式，与"专资办"模式有所不同。

首先，区块链利用分布式账本技术，取代了"全国电影票务综合信息管理平台"。制作方、发行方、院线都是电影区块链上的节点。票务销售数据的"账目"全部上链保存。任何一方都不能修改票务销售数据的账目。这是用技术手段，取代了行政命令，但是能达到一样的效果。"账目"权威性，足以用来作为各方分配的依据。

监管的手段，采用智能合约。专资办规定的各种细则，统统用代码的形式实现。如果触发（违反规则），则自动执行（处罚）。

电影产业治理模式和区块链治理模式，毫无疑问都在各自的领域发挥着举足轻重的作用。

相比之下，电影产业治理模式成本高昂，治理成本占电影产业的5%。2020年我国电影总票房204亿元，治理成本就高达10亿元。这种治理方式无法在一些小众的行业应用。我们也没有办法在去中心化的世界中成立一个中心化的组织，来完成治理工作。

因此，区块链的治理模式是数字世界行之有效的模式。

专资办可以在疫情防控期间救助电影产业，这是专资办治理模式的领先之处。在去中心化的模式中，谁能来扛起拯救行业整体性衰退的重担呢？答案是"没有人"。也许自治社区还没有遇到类似的问题，也许会在后续的发展中产生类似的机制。迈阿密公寓悖论，在区块链世界中依然无解。

延伸阅读：以太坊是如何进行治理工作的

区块链的世界中，代码就是规则。修改代码意味着修改规则。有一套相应的流程，确保代码修改符合整体的利益。这里用以太坊为例，说明代码修改的治理过程。

网络的各个方面理论上都可以改变。与我们在现实世界中所遵守的社会契约不同的是，在去中心化网络中，如果参与者对网络的最新变化不满意，他们每一个人都可以选择"愤怒退出"（rage quit），从而离开这个网络，继续使用他们自己的备用网络。然而，在现实世界中,这种选择是不存在的,因为我们无法单枪匹马地退出系统或改变它的规则。我们不能决定不纳税或做违法的事情。这些规则是由体制决定的,几乎不可能改变。

谁来决定软件中的内容?

实现软件更改的过程与现实世界中通过新法律的过程非常相似。在现实世界中存在着各种利益相关者。对以太坊来说,其主要的利益相关者是:

用户:持有 $ETH 并使用以太坊应用程序的终端用户、加密货币交易所、在以太坊之上构建应用程序的开发人员。

矿工:运行服务器场以验证交易并保护网络(从而获得以太币)的个人或企业实体。

以太坊核心开发人员:为节点软件做出贡献并参加各种技术论坛的开发人员和研究人员。

以太坊核心开发人员就像政客一样,通过衡量社交媒体、会议或文章上的情绪来聆听最终用户的需求。当许多用户要求某种功能或更改协议时,他们将考虑这些建议。

EIP 被提交后,它将经历一个技术审查、研究和讨论的周期:

Draft——正确格式化后,EIP 编辑器会将 EIP 合并到 EIP 存储库中。

Review——EIP 作者将 EIP 标记为已准备就绪并请求对等审查。

Last Call——经过初始迭代的 EIP,准备好接受广泛受众的审查。

Accepted——一个核心的 EIP 已经在 Last Call 中出现了至少两周,并且开发人员已经处理了任何要求的技术更改。

Final——核心开发人员已决定将其实施到各种客户端(Geth,

Nethermind etc.）中并在未来的硬分叉（hard fork）中发布的 EIP，或者已经在硬分叉中发布的 EIP。

以太坊治理就像其他治理系统一样，有其缺点和优点。治理去中心化的网络绝非易事，像 Polkadot 这样的其他区块链正在尝试"链上"治理，其中所有重要决策均由直接在 Polkadot 区块链上投票的用户做出。

以太坊的治理是一种软治理，其中许多协调都在"链下"进行，并且在功能合并到客户端之前评估对提案的支持。但是，最终网络的参与者都会在链上做出接受或拒绝新软件的决定。

以太坊的治理机制，是社区自治的典型，为整个以太坊提供算力的矿工、持有以太币的用户、开发者社区都有发言权。到目前为止，以太坊的治理工作非常出色，它拥有迄今为止所有最活跃的区块链开发人员和研究人员社区，并且在各方面都进行了创新。未来几年最大的挑战也许将是掌握从工作量证明到权益证明（也称"以太坊 2.0"）的迁移——这将为更快、更便宜的交易和去中心化应用程序的新发展铺平道路。

游戏，并非逃离现实的桃花源

元宇宙中的阿凡达不过是人们的化身，人们多重的人格，很可能在不同的元宇宙演绎不同性格的阿凡达。人性中善的一面可以被激发，恶的一面同样也可以被放大。有些问题，不是代码可以解决的。

文中列举的例子，都是在游戏中真实发生的事件，有些事件甚至产生了难以挽回的伤害。

另类的欺凌

《摩尔庄园》是由淘米网络科技有限公司开发的网页游戏，于 2008 年 4 月 28 日发布。这款游戏一上线，就以其可爱的卡通形象，轻快的音乐，以及游戏中构造出的美好、梦幻的世界而被广大消费者接受（见图 5-1）。

因为里面的内容偏低龄化，以健康、快乐、创造、分享为主题，这款游戏深受孩子们的喜欢和追捧。

在 2009 年，《摩尔庄园》获得百度风云榜最佳网络游戏奖，成为获得该奖项的第一个儿童类游戏。

图 5-1　游戏《摩尔庄园》宣传画（图片来源：雷霆游戏《摩尔庄园》官网）

著名游戏网站多玩平台这样评论这款游戏：毫无疑问，《摩尔庄园》绝对是一款精心之作。游戏倡导"健康、快乐、创造、分享"的主题,游戏的画面与背景音乐也是研发商匠心独运的佳作,深深吻合着主题。污言秽语、谩骂谴责、暴力血腥、色情犯罪,在这个游戏中一点都找不到。人们所担忧的沉迷,在《摩尔庄园》里也被有效地防止。这里不仅是孩子们的,也是成年玩家们心灵的最后一片净土。作为一款以面向青少年、儿童为主的网页游戏,游戏画面以儿童动漫卡通风格为主,给人一种和谐快乐、积极健康的感觉。

2009 年,武汉市小学《信息技术》教材将《摩尔庄园》收入了"网游课"中。

可以说,《摩尔庄园》在某些意义上是符合桃花源、乌托邦的特性的,是个充满着真善美的乐园,也是人们心中纯净的元宇宙的模样。

但是,围绕着《摩尔庄园》的犯罪现象,是游戏开发者及消费者们所始料不及的。

2021 年,《摩尔庄园》新版本上线后,一位成年玩家"星无火"在微博上进行了自我揭露,他大肆炫耀着自己在网页游戏《摩尔庄园》中通过盗号、洗号、欺骗等方式,凌虐幼童的心灵,从而获取满足感的经历。

他采用的方式非常简单,利用小朋友们单纯好骗的心理,通过接近他们,套取他们的游戏账号。当取得账号后,他会登录其账号将小朋友在游戏中的资产,例如漂亮的小房子、衣服、游戏币等彻底地毁掉。当小朋友询问甚至央求的时候,"星无火"则用辱骂的方式对待他们。

此外,"星无火"还利用游戏漏洞,让小朋友免费为他打工。小朋友辛苦地进入他的庄园做完任务后,他会说一句"哦,滚吧",并以此为乐。

"星无火"无法从他的这些行为中获取任何实际上的经济利益，也无法取得现实成就。他只是利用这些小朋友单纯善良的内心来满足自己施虐的变态欲望，并且将自己所做出的这些事情发布到互联网上进行炫耀。

在现实生活中，用语言暴力或者行为暴力虐童，需要隐蔽的地点与合适的目标。大多数儿童在现实生活中都被父母、监护人、老师保护得很好，并不会给这类人机会，但是在虚拟世界中，他们可以利用虚拟的伪装，肆无忌惮地伤害这些儿童。

"星无火事件"并不是个案，像他这样在虚拟世界中以伤害别人为乐的人还有很多。他们潜伏在数字信号之下，利用结构漏洞带来的便利，满足自己的变态欲望，给那些幼小的心灵带来伤害，破坏游戏设计者原本的桃花源构想。

性犯罪的温床

人性恶的成本在元宇宙中被无限降低。这和人们所说的"在网络上，你甚至不知道对面是人是狗"其实是一个道理。

在元宇宙的世界中，你不知道对面是什么人，不知道对方的目的。你也不知道自己在对方眼里是什么样的角色。

尤其是在创世者的放纵和不作为中，本身可能拥有美好梦幻设定的纯净世界，会被污染成新的犯罪温床。

在淘米网络开发的网页游戏《小花仙》中（见图5-2），这种恶就被体现得淋漓尽致。

05 自治的乌托邦

图 5-2 游戏《小花仙》宣传图（图片来源：淘米游戏《小花仙》官网）

这款偏低龄化的游戏，以微观世界为故事舞台，描写了不同身份的花仙交织出的奇幻冒险。玩家扮演的小花仙可以进行换装，精美华丽的服装、可爱漂亮的人物形象，都让这款游戏成为小女孩们的最爱。这款游戏的玩家小则六七岁，大则十四五岁，正处于天真烂漫的年龄。

就是这么一款纯洁的游戏，却被那些别有用心的人所玷污，成为恋童癖的犯罪场所。在游戏里，花 3—5 张"米米卡"，也就是 30—50 元，可以购买到漂亮的衣服，于是有人打着送"米米卡"、发红包的旗号，在世界频道、留言板留下联系方式，然后通过利诱，向小女孩索要裸照，色情视频，甚至要求线下见面进行性侵。甚至还有人在游戏中明目张胆地要包养女孩。

这些小女孩多缺乏性保护意识，很容易被引诱。她们被威胁，不敢告诉家长，甚至被多次威胁伤害。

2017 年，该事件登上微博热搜，引起了大众的注意和反感。淘米网络紧急下架了留言板和传音花等功能，而此时距离游戏运营已有 7 年，这 7 年中有多少受害者不得而知。

这样的游戏会给多少人带来一生的痛苦伤痕，这些伤痕多久后才会得到弥补，不得而知。

数字资产的损毁

《星战前夜》（英文名：EVE Online）是由冰岛 CCP 所开发的大型多人线上游戏（见图 5-3）。游戏为玩家提供了壮阔而充满想象力的科幻太空场景，玩家可以驾驶自行改造的船舰在数千个行星系中穿梭、遨游。行星系中包含行星、卫星、太空站、小行星带等各种各样的物体。通过星门，各个行星系得以连接。

图 5-3 游戏《星战前夜》宣传图（图片来源：网易游戏《星战前夜》官网）

这款游戏以其庞大的科幻背景、复杂的硬核玩法而闻名，吸引了大量的国内外玩家。

这款游戏可以说是科幻世界中的元宇宙，摒弃了传统的以计算机人工智能为基准建立的游戏设计理念，而把人与人之间的互动提升到了前所未有的高度。设计者以全新的角度设计了游戏架构，不再设计各种新奇的迷局来挑战游戏者，而是将力量集中在建立虚拟世界的运行规则上，同时不断给游戏者提供必要的工具，让他们能够掌握自己的命运。

在这个游戏中，人与人之间的交互成为最重要的点。虽然前期非常难，但是上手后，玩家便能够体会到游戏的乐趣。这是一款需要投入大量时间和精力以及金钱的游戏，本意是想要让玩家在绝对的自由中体验科幻的世界，进入未来的元宇宙中。在游戏中，玩家可以自发组织成军团，军团的成员可以互相扶持、互相保护，拥有共同财产。

2005年发生了一件被记入游戏史的大劫杀事件。在这个虚拟的科幻宇宙中，卧底、敌对双方上演了一场精彩的无间道，雇佣兵、雇主、卧底、目标，这些本应该只存在于现实中的角色在游戏中纷纷登场。

故事的主人公是 Ubiqua Seraph 军团的 CEO Mirial，她和往常一样，在最信赖的副手陪伴下进行着游戏，结果却遭遇了另一个军团 GHSC 的伏击。为了能够赢得这场伏击，GHSC 花费了一年多的时间，在 Ubiqua Seraph 军团中安插埋伏了大量间谍，以获取 Mirial 的信任，并且筹划了这场大劫杀。

最终，这场劫杀劫掠的 Ubiqua Seraph 军团财产折合约 16500 美元，也让 Mirial 自己的账号蒙受了巨大的损失。根据游戏规则，这是合法的，并没有人因此而受到惩罚。

与此同时，在这个游戏中，互相进行劫杀已经成为司空见惯的事情。很多新手玩家高高兴兴地建设好自己的飞船后，被别的军团打得

元宇宙

四分五裂,成为废铁。

虽然这是发生在元宇宙的事情,但是造成的经济损失在现实生活中是真实存在的。

当人性的恶与平台的无作为结合在一起的时候,普通原住民的安危和财产安全又该如何得到保证呢?

教唆犯罪

臭名昭著的《蓝鲸》就是这样一款网络游戏。

这款俄罗斯游戏的玩法,就像是游戏界面上的套索和血红色的字所展示的那样残酷,它被多个国家所禁止,因为它迫害的是玩家的生命。

《蓝鲸》可以在多个社交媒体上进行。玩家会被配置给一名"主人",这个"主人"每天会给玩家布置一个任务。这些任务包括使用小刀或剃刀在手臂上划出鲸的图案、全天观看恐怖电影,甚至凌晨4点就起床。当游戏进行到第50天,"主人"就会命令玩家自杀。

很多青少年参与"蓝鲸"游戏后想退出,但遭受了管理员的威胁。他们担心管理员会通过IP地址锁定自己和家人,因此被迫带着恐惧继续玩下去。

英国《每日镜报》称,没有证据显示有人在现实中因未将游戏继续下去而遭报复,但来自管理员的威胁仍使很多孩子硬着头皮走上了绝路。

俄罗斯《新报》称,俄罗斯公共互联网技术中心追踪到,仅在一天之内,就有4000多名用户在Vkontakte上使用与"蓝鲸"游戏相关的标签建群，如"深海鲸群""静谧的房间"以及"4点20叫醒我"，等等。每个群背后隐藏的玩家数量是难以估计的。

这款游戏在国内也被禁止，但是类似的游戏还有很多，它们隐藏在不被发现的暗处，危害着缺乏判断能力的青少年及儿童。

治理模式，依然在求索的路上

在元宇宙中，人们行为规则的社会化属性，比去中心化的应用中的社会化属性更为明显。目前以区块链为基础的去中心化应用，大多集中在金融、交易等领域。也有人在开发利用区块链技术的游戏，但是在画面、可玩性方面，尚无法和 *Roblox*、《堡垒之夜》等大作媲美。

不同元宇宙，不同的阿凡达，不同的人性体现。这些多样的人生，是在相同的游戏规则中演化的人生百态。创始者也并非完全是上帝的模样。游戏《蓝鲸》的开发者，或许就是撒旦在元宇宙中的代表。

当然，我们没有办法在元宇宙中建立"政府"，扮演最终裁决者的角色。以区块链为基础的社区自治模式，提供了成本低廉的解决方案。但是这个模式不足以应对人性之恶和创世者之恶。对恶的容忍，就是对善的欺凌。从这个意义上讲，元宇宙社区自治的模式，依然需要探索前行。在有可行方案之前，需要借鉴电影产业的治理模式。

另外，我们也观察到，类似迈阿密公寓悖论，在元宇宙中同样有发生的可能。既然是创世的宇宙，治理体系就同样在创世之中。

抢占超大陆

> 只要我们能把希望的大陆牢牢地装在心中,风浪就一定会被我们战胜。
>
> ——哥伦布

超大陆注定是巨头的游戏,也是巨头之所以成为巨头的唯一标准。元宇宙中将孕育新的超大陆。最可能的两个选手,分别是鸿蒙和以太坊。一个软件万物生,一个数字万物生。

超大陆是元宇宙的基础设施,包括物理层、软件层、数据层、规则层和应用层。五个层次相互影响,相互促进,共同进化。

当我们暂时离开元宇宙,审视传统产业升级和数字化转型,发现它们同样需要建立自己的超大陆,需要从产业层面去思考企业。它们的超大陆就是生态运营平台——EOP。

天无私覆、地无私载。大地是万物之母。创世总是伴随新大陆的发现。盘古开天辟地，轻而清者上升为天，重而浊者下沉为地，盘古与天地同生。近代哥伦布发现的新大陆，为欧洲的扩张奠定了空间基础。几个世纪以来世界格局变幻，肇始于大航海时代新大陆的发现。

超大陆是地理名词，指拥有多个大陆核的地质构造。亚欧大陆是超大陆，拥有亚洲陆核和欧洲陆核，在古老漫长的地质年代中，碰撞融合在一起，形成现代地球的陆洋格局。

在元宇宙中借用超大陆的概念，代指那些提供了元宇宙基本要素的平台，包括数字创造、数字资产、数字交易和数字消费。囊括这四个要素的平台，就是元宇宙的超大陆。超大陆绝非学术名词，并不严谨，但是指出了巨头争霸的方向。成为元宇宙霸主的，必定是超大陆的创立者。就像 iOS 之于苹果，安卓之于谷歌。在应用软件中，微信是图文时代的超大陆，抖音则是短视频时代的超大陆。元宇宙时代，又会诞生新的超大陆。在数字世界中，以太坊最具超大陆特征。游戏中，*Roblox* 的平台，可以归入超大陆的行列。

元宇宙

超大陆的边缘就是数字市场的边界

人们的创造力是无限的,只是缺少合适的舞台。人们的需求同样是没有止境的,只是缺少被满足的工具。

李家有女,人称子柒

李子柒,一个普通的农家女孩,1990年出生。因为家庭关系,她十几岁便开始到城市中漂泊、打工。她露宿过公园的椅子,也曾连续吃了两个月的馒头。在做服务员的时候,一个月的工资只有300元人民币。后来她开始学习音乐,找到了一份在酒吧打碟的工作。为了照顾生病的奶奶,她不得不返回家乡。回到家乡的那一年,她才刚刚22岁。在城市漂泊的8年,她就像大多数M世代一样,对于网络有天生的痴迷。回到家乡之后,照顾奶奶之余,如何谋生成了摆在李子柒面前的头号问题,于是李子柒开起了淘宝店,勉强度日。

为了让淘宝小店的生意更好做,她从2015年开始拍摄一些短视频,风格以无厘头、搞笑为主。摸索了一段时间之后,转而拍摄自己真正拿手的东西,比如做饭。

转折发生在2016年,新浪微博推出了扶持内容原创者计划,李子柒成为受益者之一。为了拍摄短视频《兰州牛肉面》,李子柒特意前往兰州拜师学习了一个月的拉面手艺,该视频的全网播放量最终突破了 5000 万，点赞超过 60 万。

2018 年 1 月，李子柒的原创短视频在海外运营 3 个月后获得了视频平台 YouTube 的白银创作者奖牌，粉丝数突破 100 万，她也被国外网友称为"来自东方的神秘力量"。其发布的《汉妆》《面包窑》《芋头饭》等作品在脸书也获得了数百万的播放量；7 月，其创作的短视频《番茄牛腩汤》播出；8 月 17 日，李子柒的天猫旗舰店正式开业，并推出了五款美食商品；10 月，她的短视频作品在 YouTube 的订阅数达到 100 万，并获得了烁金创作者奖牌。

2020 年 4 月 29 日，其在 YouTube 平台上的粉丝数量突破 1000 万，并成了首个粉丝破千万的中文创作者，李子柒因 1140 万的 YouTube 订阅量被列入《吉尼斯世界纪录大全 2021》，成为"最多订阅量的 YouTube 中文频道"的纪录保持者。

短视频成就了李子柒，如果没有微博、YouTube 等平台，李子柒可能到现在也只是一个普普通通的孝顺姑娘。

李子柒背后的平台力量

在电视机时代，我们无法想象李子柒的故事。电影幕布上也不会给一个农家姑娘做饭的视频留出播放时间。正是智能手机的普及、4G 网络的建设、微博、YouTube、抖音这样的发布平台，给了普通人展示自己的舞台。

抖音日活数据峰值达到 7 亿，这是李子柒获得 2.1 亿次点赞的基础。

开放的平台 + 用户的创造，迸发出了不可思议的力量。这个力量，正在改变世界。

抖音平台上像李子柒这样的创作者有2200万人，抖音公布的数据则更为具体。2021年3月8日，抖音发布《2021抖音女性数据报告》（以下简称"报告"）。报告显示，过去一年，抖音女性用户发布了2135万条恋爱视频，也有5306万条视频关于工作，直接从平台获得收入的女性达1320万人。例如，四川创作者"蜀中桃子姐"、宁夏非遗皮雕手艺人乔雪，都是通过抖音开启新事业的典型代表。

埃森哲调查数据显示，中国拥有近4亿年龄在20至60岁的女性消费者，其每年掌控着高达10万亿人民币的消费支出。

像李子柒这样的女性创作者，在抖音上有1300多万人，如果把男性也计算在内，这个数字还需要翻倍。

再谈数字市场的边界和限制

在现实的物理世界中，若想构筑规模宏大的统一市场，还存在很多制约因素，有硬约束，也有软约束。

硬约束如道路、桥梁等。连道路都不通的地方，肯定不会产生市场。道路不通，人与人就不能见面，则不会产生商品交换，更遑论交易了。道路的尽头就是市场的边界。

软约束同样重要。幸好在两千多年以前，秦始皇就解决了很多软约束方面的问题，如统一的文字、统一的度量衡、统一的车轨宽度、统一的税收标准等。软约束其实就是不断消减达成交易的成本。

同样地，在数字世界中，光纤的尽头就是数字市场的边界。光纤带宽与车道有相似之处。不同的带宽，制约了不同类型的数字市场。

在 2G 网络时代，以视频为载体的电商，无论如何都是不能发展的。

这就看出了基础设施的重要性。数字市场，需要大规模的数字化基础设施的投入。

市场从来都是昂贵的，无论是其建设成本还是保持其正常运营的成本。人类需要进行物品交换，才能维持基本的生活，但是要想让交换物品变成集市，从集市变成交易中心，则需要付出大量的成本。从农产品到工业品，再到数字产品，需要的市场机制越来越复杂，需要的市场规模越来越大。

通常来看，在物理世界，跨越时空总是得付出交通的成本，这其实是交易成本的一部分。《元史》讲道："百里之内，供二万人食，运粮者须三千六百人。"这句话的意思是，仅仅百里之内的运输距离，如果要供给 2 万人吃饭，光运粮者就需要 3600 人。元朝粮食运输还是停留在"畜力"阶段。以这样的历史条件建立大规模的市场，是难以想象的。

现代，经过了以蒸汽机、内燃机为动力的轮船、汽车等运输工具的革新，才具备建立国际性大市场的基础条件。

数字世界超越了时空的限制，没有远距离运输之苦，却增加了技术限制。不同的技术标准、不同的操作系统、不同的运作平台，事实上造成了数字市场的割裂。数字市场的割裂程度，比现实世界的割裂程度有过之而无不及。

不同的电商平台，是自由竞争的结果，但是逼迫品牌商二选一，就是割裂市场的行为。苹果 App Store 和安卓应用市场，不但相互割裂，甚至程序不能互通。开发者必须为苹果和安卓开发不同的应用程序。玩家在游戏中千辛万苦获得装备，换成另外一个操作系统，所有的数字财产也就归零了。

造成数字市场割裂的最核心的制约因素,就是平台——提供数字创造、数字资产、数字市场、数字消费能力的基础设施。我们在多大能力上,建设统一的平台,就能创造多大规模的数字市场。

创新从何而来?

混沌的边缘往往是创新开始的地方。按照系统论的观点,创新是"涌现"出来的。人类大脑的想法如潮头,起伏涨落,无一时之停歇,创新亦如是。涌现、共振、突变是产生创新的机制。

我们很难预测具体的创新,它带有非常大的偶然性,但是在宏观上,创新又是可以培育的,当系统中不同要素聚合成本足够低的时候,创新总是会大概率地涌现出来。从这个意义上来讲,创新就是必然的。

因此,培育创新,就是想方设法降低系统中要素聚合、分散的成本,提供统一的平台让大家用同一种技术语言交互,就是创新的基本要素,或者基础设施。

一个典型模式就是平台 + UGC,这是释放个人创造力的最佳模式。苹果就是借助这个模式在一夜之间会聚了成千上万名程序员,为苹果手机开发应用,迅速在手机功能多样性方面呈现对诺基亚的碾压之势。抖音平台上,所有的视频都是用户创造的,其丰富程度,远远超过电影公司花大价钱拍摄的电影。

或许,这就是数字时代的人民战争吧。

创建大规模的数字市场,进入瑰丽奇幻的元宇宙世界,需要简单易用的创造工具,彻底释放人们的创造力、想象力。需要统一的"平台",让人们一次创造,跨"宇宙"通用,把数字产品变成货真价实的数字资产,需要消除不同市场的技术壁垒,技术要统一、规则要统一。因此,元宇宙的繁荣,同样依赖基础设施建设,尤其是数字基础设施。

元宇宙的新基建[①]

元宇宙是数字经济中最活跃、最具代表性的部分,也是数字化的基础设施发展到一定程度之后的必然产物。推动元宇宙发展,需要新型数字基础设施。基础设施的外部性,将会促进物理世界数字经济发展,加速向数字社会过渡。游戏展示了元宇宙的雏形,元宇宙展示了数字社会的形态。

元宇宙技术基础、经济要素、基本特征,逐层剖析五层级元宇宙基础设施模型,建立在以下三个假设之上。

假设一:元宇宙基础设施具有层次性。基础设施也是不断迭代发展的,在不同的发展阶段,基础设施的重点也不尽相同,形成了不同的层级。在传统基础设施的地基上,某些热点领域往往会衍生出新型的具有公共品属性的服务,随着服务范围扩大、服务对象增多,这些

---

① 关于元宇宙"新基建",借用了笔者参与的国家发改委相关课题成果。人民大学商学院院长毛基业和他的学生也是课题的参与者。这部分论述,保持了课题一贯风格,考虑到保密的需要,做了部分删减和调整。

新型服务成为基础设施的一部分。对于不同层级的划分和理解，有利于说明彼此间的关系。因此，划分基础设施的层级，对于发现基础设施的发展规律和政策制定而言至关重要。

假设二：元宇宙基础设施不仅仅是硬件范畴。例如，微信已经成为大家日常生活的一部分，不仅具备社交功能，而且已经成为商务应用和公共管理的工具（广东省市民服务的"粤省事"小程序）。海外版抖音成为新的创意和思想传播的载体。因此，必须紧紧抓住公共品、外部性两个基本特征，我们才能定义新型基础设施的全貌。

假设三：元宇宙基础设施代表技术融合应用的发展方向。基础设施往往是多种技术融合形成的创新应用。例如，网约车 App 已经成为人们出行的必备工具，它是在 4G 网络、电子地图、定位系统、智能手机都已经广泛普及的情况下产生的。网约车 App，同样集成了 LBS（Location Based Service，基于位置的服务）、人工智能、大数据等多方面的技术，成为人们网络生活的一部分。而 Roblox 则需要 3D 引擎、VR 设备、空间计算等技术的融合。

元宇宙五层级基础设施模型是探索元宇宙整体认知的基石之一，也是数字经济理论体系的核心组成部分。

数字经济基础设施的五层级

元宇宙的基础设施总共划分为五层，自下而上依次是物理层、软件层、数据层、规则层、应用层（见表 6-1）。这五个层级，并不是机械、僵化地划分，而是基于认识的方法论。物理层侧重硬件，软件层侧重广泛应用的软件，数据层进一步抽象，是重要的资产和新型生产要素，规则层则强调数字经济内在运行秩序。这四个层级逐层抽象，相辅相成，成为元宇宙基础设施的重要组成部分。第五个层级是构建在这四个层级之上的各类应用。尤其需要强调的是，某些应用可以演化成为软件层、数据层或规则层的基础设施。

表 6-1 数字经济基础设施框架

应用层	Apps	数字货币、电子钱包等
	DApps	
规则层	数字治理	监管科技、自组织自管理等
	数字市场	法律法规、行业规则、技术标准等
数据层	数字资产	数字孪生、数联网（数据互联互通）等
	数据中心	数字资产交易中心等；科学数据中心（生物基因数据库、土壤数据库……）、数字世界商事、民事数据中心等
软件层	应用软件	广泛使用的应用软件（如微信）和具备行业壁垒的应用软件（如 3D 引擎）、EOP 等
	基础软件	云计算、操作系统、数据库等
物理层	人机交互设备	智能手机、智能眼镜、VR、触觉设备、手势感应装置、脑机接口
	数字化基础设施	5G、物联网、微机电系统、计算中心、边缘计算中心等

物理层

所谓物理层是所有元宇宙基础设施中的根基，是产生数据、储存数据、分析数据和应用数据的载体，即装备和设备。从数字经济基础设施的定义来看，它属于公共品服务，具备外部性、公共性的特点。

物理层主要分为三大类：传统基础设施数字化、数字化基础设施和人机交互设备。在元宇宙，我们重点关注数字化基础设施和人机交互设备两个子层级。

所谓数字化基础设施指的是各类电子设备，比如5G、物联网、微机电系统、计算中心、边缘计算中心等。5G是数字化基础设施的重要组成部分，为元宇宙、工业互联网、人工智能、远程医疗等我国重点发展的新兴产业提供通信管道支撑，5G与传统产业深度融合，也将催生更多新产业、新业态和新模式。5G建设的内容包括但不限于以下四类：一、机房、供电、铁塔、管线等设施的升级、改造和储备。二、5G基站、核心网、传输等基础网络设备的研发与部署。三、5G新型云化业务应用平台的部署，与新业务及各种垂直行业应用的协同。四、围绕5G的工业互联网新型先进制造网络环境，包括物联网云、网、端等新型基础设施，围绕车联网的车、路、网协同的基础设施等。根据赛迪智库电子信息研究所《"新基建"发展白皮书》，由5G带动的虚拟现实、云端办公、高清视频等行业应用市场规模将快速上升，预计2025年5G全产业链投资将超过5万亿元，为中国抢占全球新一代信息技术制高点奠定坚实的基础。

对于社会整体层面而言，物理层的建设形成了新型基础设施，是建立数字经济基础设施的第一步，同时是最为基础的根基层建设。

人机交互设备，是人类进入元宇宙的直接介质，包括智能手机、智能眼镜、VR、触觉设备、手势感应装置、脑机接口等，一些新的设备也都在紧锣密鼓地推进中。智能手机普及率已经达到高峰；VR等新型的设备进一步走向成熟，迎来爆发式的增长期；脑机接口是最具科幻色彩的人机交互界面，尚处在原型验证阶段。

软件层

基于物理层之上的软件层则是加工、处理、分析数据的主体，包括两个子层级，一个是基础软件，另一个是应用软件。基础软件指凡是具备大规模应用，具备行业公共属性的软件系统，包含操作系统、数据库、云计算系统、泛在操作系统等，是在新一代信息技术支撑下围绕数字经济各领域、各节点构建的智慧服务平台或系统，具备全面感知、泛在互联、高效应变、灵活处理的特性。应用软件指个体或机构可以使用的各种程序设计语言编制的应用程序的集合，既包括即时通信软件（如微信）和具备行业壁垒的应用软件（如计算机辅助设计、计算机辅助工程、产品数据管理），也包括跨越地域、层级、组织、部门的社会协同平台（如工业运行自动控制系统、生态运营平台），比如 EOP（Ecosystem Operation Platform，生态运营平台）面向个人的微信、面向企业的 ERP 等都属于应用软件范畴。另一个比较典型的例子是目前中国特别短缺的辅助设计软件、设计芯片的软件、设计飞机的软件等，这与设计的模块数据紧密相关，不仅具有设计功能，还具有仿真运算能力，是很重要的生产力工具。应用软件如同"桥梁"，是连接数字经济基础设施物理层和现实应用场景的关键环节，通过布局应用软件提升数字化能力，将成为提升企业数字化管理能力、提升智能制造过程管控水平、提升政务系统协同治理效率的关键底层支撑。

科技型企业，尤其是制作通用的软件，如用友、金山、农信互联、阿里云等都是软件层的重要建设者，从应用型企业的角度来讲，越来越多的企业有搭建自己的应用平台的需求，将数据变成公司资产，充分发挥数据的作用，这是一个明显的趋势。从行业层面来讲，每个行业都会形成 EOP，形成一个生态运营平台，能控制这个运营平台的企业基本上就能控制这个行业。从宏观社会层面来讲，正所谓"软件定义世界，软件定义一切"，软件无所不能、无所不在，数字化技术支持下的软件的应用对于社会各个领域都将具有重大改进。

数据层

物理层和软件层都会产生数据要素，这里将数据层单独剥离出来，它脱离软件层独立存在。数字经济新型基础设施数据层包括"数字孪生""数联网"及各类大数据中心，重点解决数据互联互通的问题。

数字孪生是指依据实体对象的物理特性，创造出一个数字化的"克隆体"，其意义在于动态复现实体的历史状态、实时数据和外部环境，能够突破实体在空间和时间上的限制进行高度仿真的实验，未来将重点应用于大型工程的动态设计。例如，最早美国国家航空航天局使用数字孪生对空间飞行器进行仿真分析、检测和预测，辅助地面管控人员进行决策。Michael Grieves 教授和西门子公司主要使用数字孪生进行产品数据的全生命周期管理。利用数字孪生还可以对产品设计、产品功能、产品性能、加工工艺、维修维护等进行仿真分析。以欧特克公司为代表的工程建设类软件供应商将数字孪生技术应用于建筑、工厂、基础设施等建设领域，把建筑和基础设施看作产品进行全生命周期的管理。北京航空航天大学的陶飞等人从车间组成的角度先给出了车间数字孪生的定义，然后提出了车间数字孪生的组成，主要包括物理车间、虚拟车间、车间服务系统、车间孪生数据。除此之外，数字孪生在智慧城市建设上也起到了至关重要的作用，利用道路全息扫描数据建立与现实交通相对应的数字交通孪生体，将助力城市的精细化管理。

数联网是国家大数据战略总体工程的基础性示范项目，通过数据标识、挖掘、深度学习等算法和技术，发现物理空间中潜在的联系，从而反作用于物理空间、改善物理空间，满足大数据在国家安全、社会治理、经济发展等方面的应用需求。在数联网里，由于彼此间传输的是标准数据，应用开发模式将发生很大变化，很多个性化大数据应用将出现，不仅为开发者带来利润，也为使用者带来极大的便利。互联网提供基础平台，数联网提供应用。互联网是基础平台，提供基本的通道功能，而数联网要提供加工好的各种数据，提供标准访问总线，实现传输，便于应用共享。数据将以数字孪生或数联网的形式投入现实应用场景，进一步促进云计算、物联网等相关产业的联动，预计 2025 年将带动市场规模超过 3.5 万亿元，成为产业边界拓展与融合的催化剂和推动现代服务业变革升级的助推器。

随着区块链技术逐渐发展成为数字经济的核心技术，依托区块链技术推行资产数字化改革势在必行。区块链凭借公信、公开、透明等优势，成为数字货币的底层技术，给支付行业带来深刻变革。数字资产交易如火如荼，而数字资产交易中心是实现数字资产交易的底层平台，将以虚拟电子形式存在的各类数据进行统筹管理，其本质上是大量数据信息的汇集与存储。数字资产交易中心可以利用区块链技术将股权变得"碎片化"，极大降低了高科技企业的融资门槛，让大众参与分享高科技企业融资的成果。与此同时，各类大数据中心汇聚了科研领域、政商民生领域和产业领域的海量垂直数据,解决的是数据的储存问题。生物基因、科学实验等数据都是重要的生产要素。根据工信部《全国数据中心应用发展指引》,数据中心机架规模保持33.4%的增速,到2022年将新增220万个机架,预计新增直接投资1.5万亿元。除了政府层面外,个人、企业等都有自己的数据中心,这些数据中心保证了数据的存储,并为数据的应用提供原始要素。

数据层在社会层面需要关注数据治理和数据安全问题,原因主要有两点:一方面,很多互联网公司霸权,独享数据,导致小企业发展受限,如此一来大型互联网公司的权力将越来越大,这就形成了数据黑洞。怎么样去平衡,使各公司都获得均等使用数据的权利是一个值得讨论的话题。另一方面,数据集中之后,数据安全问题就很明显,数据不集中时,获取全部数据可能比较困难,只能收集到单一数据;但是数据一旦集中,只要攻破一个点,全部数据都将受到威胁,如何保证数据的安全性也是一个重要问题。

规则层

要想让数据真正落地应用,必须建立一系列的规则,构建完善的监管体系。从数字市场角度来说,必须针对数字化的交易建立一套新的规则,保证市场有效运行。从系统论的角度来看,万物之间存在联系,而哪些联系需要加强、哪些联系需要削弱,则需要通过规则的建立来确定。数字经济基础设施的规则层大体可以分为约束环境与数字监管两大内容。所谓约束环境指由政府、行业协会、大型企业等制定的法律法规、行业规则、技术标准、规章等一系列从硬到软的制度,为数字经济有序、高效运行提供制度保障环境。其中一些规则可能会直接影响到某些行业的发展，如微信订阅号规则的变化，可能直接导致以微信为中心的生态的变化。数字监管则是保证规则充分落地的制度手段，同时是保证数字市场自由的重要基础。没有充分的监管则没有自由市场，即使数字监管作为公共服务没有任何经济价值，它也是保障其他人按照规则获得合法、合规经济收益的手段，政府也应该并且必须大力发展数字监管，保证数字市场有序运行。

数字经济时代的规则与以往规则存在明显不同。首先，实物资源是不可分割、无法共享的，确权相对容易，而数据资源可以无限共享，共享之后自己仍然拥有，边界确权与保护是需要重点考虑的问题。其次，规则建立的主题也有所不同，计划经济中的规则都是由政府制定的；传统市场中的规则是由行业协会或自治组织制定；而数字市场中很多规则由社区来制定，社区作为一个越来越重要的主体被提出来，也可以成为规则的制定者。最后，数字市场规则能够有效解决传统市场失灵问题。传统市场的失灵现象，一部分原因是一些市场主体具备了破坏规则的能力，规则被破坏后便无法保证公平，而在数字经济中很多规则可以通过程序实现，即"Code is Law"。例如，通过"智能合约"在程序中体现一些交易的具体玩法，这些规则是不可修改的，可以有效避免传统市场中不公平现象的发生。

在数字市场中，规则的制定可能引发主导权之争。从微观层面来看，规则代表利益，各大参与主体争夺规则制定权，最大化自身利益的战争始终没有停歇。例如，手机硬件设施厂商与微信等软件公司的规则制定权争夺战，直接关系到利益的归属。从宏观层面来看，如何通过规则制定引导数字市场的发展方向，如何制定规则才能最大限度发挥数据价值，是国家政策应该考虑的问题。规则层的建立能够保证数字经济基础设施体系正常运行与运转，让数据在规则下真正产生价值，保证数字市场稳定、有序、高效运行，服务于社会经济发展和社会福祉提升，衍生出更大的经济效益，推动供给侧改革和中国经济转型升级。总体来说，在数字市场环境的规则制定中，应该考虑的问题是：由谁制定政策？制定怎样的政策？政策如何执行？

从科技型企业的角度来看，规则层是大型公司、标准组织的领地，而规则层的重点在应用型企业，可以通过它们的数据制定行业新规则，这样就使得行业边界发生了变化，遵守这个规则的其他企业就会成为制定规则的行业的一部分。例如，比特币钱包，软件制作公司制定了规则，用户只要下载使用比特币钱包，就相当于遵守了它的规则，就会成为它生态的一部分，用户从中获得收益，也向它做了贡献。因此，规则将重新定义行业边界，成为新的生态。从宏观社会层面，应该考虑的是数据伦理问题，即数据规则到底以什么标准来制定？对于行业来讲，制定规则是为了促进产业发展，但是产业发展了以后，是否会对社会发展造成损害，是值得深入思考的一个问题。

应用层

基于上述四个层级的基础铺垫，数字经济基础设施应用层呈现百花齐放的态势，各种移动端应用程序、去中心化应用等将在各个行业、各个领域乃至社会生活的各个角落深刻改变生产生活方式，对经济发展产生深远影响（见表 6-2）。未来会聚集一批具备示范效应的应用加以推广。

表 6-2 五层级模式在不同领域的侧重点

层级	科技型企业	应用型企业	涉及行业	社会意义
应用层	提供各类应用软件	面向业务，随需而变	百花齐放，数据统一	百花齐放
规则层	大型公司、标准组织的领地	立足自有的数据资产，立足自研平台的优势，事实上具备制定行业规则的能力	行业边界因规则而变。只要遵循同样的规则，就可以成为行业的一部分	数据伦理
数据层	BBD、TD等新兴的公司，在这个领域创业	应用型企业的最大优势，就是拥有数据资产。这也是需要自己研发平台的原因	行业数据有集中的趋势。未来是具备整合行业数据能力的公司，具有领先优势	数据治理与数据安全
软件层	用友、金山、农信互联、阿里云等是软件层的重要建设者	这里有一个明显的趋势，就是应用型企业，越来越需要研发自己的平台	每个行业都会形成EOP，谁拥有EOP谁将控制整个行业	软件定义世界
物理层	提供数字化的基础设施，推动基础设施的数字化。像华为、中国电子、浪潮、曙光、中芯国际等科技公司，是这一层的建设者	大部分企业是不需要关注这一层级的。视之为工具，按需付费即可	传统基础设施的数字化，这是行业中龙头企业数字化转型的重要方向	新型基础设施

更重要的是，一些基于四个基础层培育出的应用软件，成为新型基础设施的一部分。例如，央行正在试点的 DC/EP，从用户使用视角来看，无非在智能手机上安装了数字钱包，在数字钱包中存放 DC/EP。但当数字钱包大范围推广开来的时候，其外部性和公共品服

务的性质就凸显出来,从而成为新型基础设施的一部分。未来又会有很多其他应用,基于数字钱包开发出来。如此循环往复。数字经济的新型基础设施,就在不断循环往复中持续升级。

应用层将以新一代信息技术如区块链、大数据、互联网为突破口,与实体产业深度融合,实现"区块链+""大数据+""互联网+""AI+"的应用落地。例如,在"AI+金融"的模式下,凭借开放的技术平台、稳定的获客渠道、持续不断的创新活动,金融机构将自身的资源优势与互联网科技公司的技术优势相结合,创造了一种全新的价值链创造模式,不仅提高了客户使用效率与客户对服务的满意度,还颠覆了原有的商业逻辑,促使双方价值资源共享,逐渐形成了"互联网+金融"的行业生态与市场格局。在此基础上,各技术提供方以基础设施、流量变现、增值服务等环节为中心,形成了差异化的服务能力,构建了多元化的盈利模式,创造了一个新型的蓝海市场,利用长尾效应为行业创造了巨大的价值。再如,"AI+交通"的无人驾驶技术的未来,"大数据+营销"对于数字营销新格局的重塑等,都是在物理层、软件层、数据层、规则层基础设施上的应用层实例。

在这一层级上,科技型企业将提供各类应用软件,应用型企业则面向业务,满足自身特有的需求,充分发挥数字经济基础设施的强大能量,解决企业的实际业务问题,让基础设施建设真正落地。从宏观角度上看,应用的种类千变万化,但万变不离其宗。

元宇宙基础设施五层级模型的关系、作用与实例

五层级的关系

元宇宙基础设施是逐层建设的，随着层级的上升，从硬件到软件越来越抽象，底层为上层建设的基础，上层为底层建设的目标，这样层层搭建起来，最终形成应用层百花齐放的局面。元宇宙基础设施物理层的建设是基础设施体系形成的基石，是实现元宇宙基础设施建设目标的最底层架构；软件层的建设是在物理层基础上的系统搭建，软件脱离硬件单独存在，作为独立对象能够有效发挥软件的真正作用，无论是应用软件还是基础软件，都致力于最大限度地发挥物理层基础设施在现实应用场景中的作用；数据层的建设，是在物理层、软件层的基础上将数据单独剥离出来形成资产，保证数据互联互通，充分发挥价值；正所谓没有监督的自由不是真正意义上的自由，缺乏监管体系，数据必然乱象丛生，个人隐私、安全等问题将会层出不穷，数据必须制定一系列的监管规则才能使其真正发挥价值，数字经济基础设施规则层的建设目标就在于此。数字经济基础设施应用层的建设是基于前四个层级的具体应用场景数字化，是企业数字化转型在具体业务层面的展现，也是数字市场中不同行业应用的百花齐放。随着不断发展，一些在应用层的 App 也可能形成公共属性，转变为基础设施，如微信、抖音、微博等。

元宇宙基础设施对于传统产业数字化转型的意义

对应前面章节提到过的企业数字化转型及数字市场相关问题，元宇宙基础设施各层级所发挥的作用各有侧重。

在企业数字化转型过程中，观念、认知的转换是首要问题。物理层的搭建对于企业数字化理念的形成、高管认知的转换起到了一定的作用，因为有了这些看得见摸得着的基础设施，企业数字化转型才具备了工具和抓手，也使高管认识到数字化转型不再是空谈，而是一个真正可以进行实践的重要战略。此外，数据作为一项数字经济时代关键的生产要素，对于企业而言至关重要，高层管理者认识到将数据打通，防止信息孤岛，建立数据资产的重要性，是企业数字化转型的成功关键。因此，数据层的建设也是改变认知非常关键的一环。

数字化转型的另一个重要问题是如何实现组织变革。对于企业而言，基础软件的建设有利于提高数字化技术水平，应用软件的建设则进一步从应用维度上改变原有组织固有模式，克服组织惰性，实现组织变革，为数字化转型提供能量。与此同时，数据对于打破原有金字塔式、科层制组织架构，建立数字经济时代更为适合的扁平化、网络化组织，成为以客户为导向的组织，优化资源配置也具有关键作用。企业拥有数据，是数字经济时代形成竞争优势的强大动力，也是数字化转型的关键成功要素。

在数字市场中，元宇宙基础设施建设有利于市场与计划的统一。数据层、规则层的建设有利于实现这一目标。传统市场中由于数据的缺乏导致市场经济与计划经济存在二元现象，计划与市场完全割裂，而数字市场中由于数据作为基础设施出现，将有助于实现资源合理配置，将基于要素市场总量的调控融入市场经济中，实现计划与市场的统一。规则层的建立使得政府在利用数据进行调控时数据的真实性有所保障，有效解决了传统市场监管缺位的问题，是实现市场与计划统一必不可少的一环。

元宇宙基础设施的建设可以有效解决传统市场信息不对称的问题。数据资产的公共品外部属性使得数字市场中信息高度对称，有效解决了传统市场的道德风险问题、不透明造成的供需失衡问题及认知不足导致的市场失灵问题。此外，规则层数字监管与约束环境的建立使得监管具备科学性、合理性、可行性，有效助力数字市场实现行为与信用的统一、监管与自由的统一。

在数字市场中，物理层、软件层、数据层基础设施的建设有利于生产与消费的统一。要想实现生产与消费的统一，就需要获取消费者数据，了解消费情况。物理层智能终端等是获取消费者数据的重要手段，也是后续数据存储、分析，为生产提供决策依据的基础。如果说物理层建设的作用是获取数据，那么软件层的建设则可以有效存储海量数据，并实现快速调用。数据库对消费数据进行统一维护，为数据分析产生价值提供保障。数据也将支持消费和生产决策，通过分析消费数据，合理制定生产方案，有助于实现消费，引导生产，优化资源配置。

最后，数字市场中的交易成本能够维持趋近于零的状态，有赖于物理层、软件层、数据层、规则层基础设施共同发挥作用。物理层中，5G等基础设施的建设是信息高速、高效、不受空间限制传输的重要保障。软件层中，生态运营平台的建立也为数据提高透明度与流通度，实现信息对称提供了环境，从而降低数字市场交易成本。数据层中，数据流在数字市场中具备透明化特征，如数联网的建立使万物互联互通，数据完全打通，避免信息孤岛的产生，避免了产业隔阂，是使数字市场交易成本能够维持在较低水平的关键。除此之外，规则层也是数字市场降低交易成本的关键一环，公信、公开、透明、去中心化、点对点传输等新型交易手段的特征使信息高度透明、流通效率大大提高，同时有效解决了信任风险问题，从多个维度上降低了数字市场交易成本。

两个超大陆——鸿蒙和以太坊

鸿蒙系统代表了广泛的硬件和软件之间的统一平台，并不仅仅因为鸿蒙是国人主导的操作系统，更重要的是它是历史上首个跨硬件平台的操作系统。以太坊代表软件和数据之间的统一平台，真正铺就了通往纯粹的数字世界的道路。这个完全以数据为基础的世界，正在以难以置信的方式影响物理世界。

元宇宙是构建在鸿蒙和以太坊筑牢的地基之上的。人类丰富的精神世界，正是借助"超大陆"的统一技术和标准，才能摆脱物理世界的限制，在元宇宙中自由绽放。

鸿蒙，软件万物生

最早让操作系统在千家万户中普及的是美国微软公司，它从诞生到现在，一直牢牢占据 PC 机操作系统市场，市场份额高到一度令苹果公司绝望。微软为了免予垄断的指责，主动注资苹果公司，保持苹果系统在 PC 机市场可怜的存在。三十年河东三十年河西，现在苹果借助 iOS 操作系统，以一己之力几乎垄断了高端手机市场。在手机操作系统的竞争中，微软落败，取而代之的是苹果和谷歌公司两家争雄。

苹果的 iOS 和谷歌的安卓系统，这两家公司的系统几乎占据了智能手机 100% 的市场份额。谁能打破这种令人窒息的局面呢？华为的鸿蒙系统横空出世，把 iOS 和安卓系统垄断的铁幕撕开一角。

严格意义上来讲，鸿蒙并不是为了和安卓系统、iOS 竞争而生的，而是为了解决越来越多的智能硬件如何高效率互联互通的问题。这些智能硬件，大到智能汽车，小到智能耳机、手环，当然也包括使用量最大的智能手机。

这个目标是远远超越 iOS 和安卓系统的。iOS 和安卓系统只能用在智能手机上。仅苹果一家就不得不维护两套操作系统，一个是 iOS 支持苹果的智能手机、平板，另一个是 MacOS 支持苹果的个人计算机。在华为的世界中，PC 机、电视机、平板计算机、智能汽车、手表、VR 眼镜、音响、耳机，甚至摄像头、扫地机、智能秤、微波炉、豆浆机、冰箱等都可以使用鸿蒙系统。一套系统支持所有硬件设备。

这个愿景真是太诱人了，一下子就把程序员的创造力极大地激发出来。

对开发者而言，再也不用担心不同的硬件需要不同的指令，甚至需要开发多套程序来适配。鸿蒙首先就是一个数字创造的工具。鸿蒙设计理念的领先性已经远远超过目前所有商用的操作系统。只有谷歌的 Fuchsia 系统可以与之媲美，但是 Fuchsia 系统未能投入使用。

微软发布了 Windows 11 系统，在业界并没有引起广泛的关注，相反大家倒是津津乐道 Windows 11 可以支持安卓系统上的应用。微软也向着 PC 和手机融合的方向迈进了一大步。但遗憾的是，这仅仅是手机和 PC 的融合。显而易见，未来是多终端、多场景、多硬件的时代,单单把 PC 和手机融合已经满足不了产业发展的需要。Windows 11 在发布之初,就已经落后于鸿蒙了。

当然,鸿蒙也是首个在消费领域大规模应用的"国产"操作系统,在中美博弈的关键时刻,鸿蒙也是很长民族志气的。

无论元宇宙采用什么技术支持元宇宙的软件,必须运行在操作系统之上。作为世界上首个着眼于硬件互联的操作系统,鸿蒙一定是元宇宙的超大陆。

以太坊,数字万物生

关于区块链和以太坊的图书,可谓汗牛充栋。但是其理念之新、哲学思考之深、技术实现之简,都令人叹为观止。如果说鸿蒙是集合众智集团冲锋的丰碑,以太坊就是 V 神个人才华充分挥洒的神迹。

在数字世界中,无论我们做什么操作,最后总是反映在数据状态的改变上。数据状态,是数字万物的起点,也是数字万物的终点。改变了数字状态,也就改变了数字万物。无论是数字创造,还是数字市场,都是如此。以太坊实现了改变数据状态的去中心化可编程通用计算,关键词是去中心化。

改变数据状态,在中心化的系统中非常容易。我们以上一章提到的电影产业为例。一部电影,总共卖了多少张票?票数就可以看作电影的一个状态。只要卖一张票,票数就加一,这个操作非常简单。但是如果票房作假怎么办?譬如电影院现场卖票,卖完票并没有修改票数的"状态"(没有执行加一操作),这就造成票数和收到的钱数不符的情况,因为有些卖出去的票没有记账,这就是偷票房。这种行为显然对影院有利,但是损害了电影制作方及发行方的利益。

中心化的卖票系统,要有人监督才行。最终解决方案是成立电影票房的监管机构,履行监管的责任。

成立监管部门的成本是非常高昂的,最终由全行业承担,增加了市场的交易成本。在数字世界中无法成立监管部门,因此如何杜绝记账节点做假账,随意修改数据状态,就是必须解决的一个问题。

好在这个问题在区块链 1.0 时代就有了行之有效的解决方案。通过算力证明的共识机制,确保即使没有中心化的记账监管机构,也能确保记账工作被正确记录,并且不可篡改(见图 6-1)。

图 6-1 从区块链 1.0 到区块链 2.0(图片来源:国盛证券研究所)

以太坊更进一步。比特币的记账仅仅是记录交易信息,但是以太坊的记账可以记录任何想记的信息,并且可以通过编程来实现,而且继承和发扬了去中心化共识机制(见图 6-2)。

自从 2009 年比特币上线以来,区块链世界发展迅速,尤其是以太坊。搭建了去中心化的通用计算平台后,各种去中心化应用层出不穷,最具代表性的是 DeFi 和 NFT。

比特币证实了在数字世界实现点对点货币支付的可行性。以太坊进一步证实,点对点的任何数字世界的行为都是可行的,都可以无须借助第三方实现零信任背景下的可信交易。这就为数字世界建立了基础的交易规则、行为规则,从而衍生出各种各样的应用,形成了区块链的元宇宙。

图 6-2　区块链的发展：从去中心化账本到去中心化元宇宙

（图片来源：国盛证券研究所）

DeFi

中本聪设计比特币的初衷就是摆脱银行的中心化地位，实现点对点的支付。毫无疑问，比特币实现了这个目标。从以太坊衍生出的 DeFi，所谓去中心化的金融，在点对点支付的基础上，衍生出各类金融业务。显而易见，在这类金融业务中，是没有传统金融机构的身影的。DeFi 业务领域涉及稳定币、借贷、交易所、衍生品、基金管理、彩票、支付、保险等。这只是粗略的分类，这些业务又可以像积木块一样相互叠加，衍生出新的金融产品。

这些金融业务在物理世界恐怕难以理解。大国和小国面对去中心化应用心态各异。我国正在全力收紧比特币挖矿行业，限制比特币的交易和炒作。与此同时，南美小国萨尔瓦多宣布将比特币作为它们国家的法定货币。

于我国而言,不经过银行的跨国转账无疑是转移资产的便利手段。在中美竞争态势之下,不受节制的转移资产通道,是不能容忍的。相信很多人都没有听说过萨尔瓦多这个国家,该国面积2万多平方千米,人口600多万,与中国省会城市相比,估计也要排到中游靠后的位置。在美元的冲击之下,它几乎丧失了货币主权,宣布将比特币作为法定货币至少可以抵御美元通胀。

元宇宙为DeFi提供了丰富的应用场景。譬如7月3日,链游The Sandbox上的一块24cm×24cm的虚拟地产拍卖成交价为364万美元,创历史新高。此前,The Sandbox上虚拟地产最高成交价为65万美元。

传统的金融机构无法为游戏中的虚拟地产拍卖提供任何帮助,这就给了DeFi大显身手的舞台(见表6-3)。

表6-3 传统金融VS去中心化金融(资料来源:国盛证券研究所)

	传统金融	去中心化金融(DeFi)
支付和清算系统	跨国汇款需要通过各国银行间流转和几个工作日才能完成,并涉及大量手续费、汇款证明、反洗钱法律、隐私等问题	将加密货币转移到全球任何一个账户仅需花费15秒到5分钟的时间,以及支付一笔很少的手续费
可获取性	截至2017年,全球有17亿人口没有银行账户,主要由于贫穷、地理位置和信任的原因	访问DApp只需要拥有能够接入互联网的手机,在17亿无银行账户的人群中,2/3拥有手机
中心化和透明度	权力和资金集中在传统金融机构手中(如银行),机构可能面临倒闭的风险且普通投资者无法了解具体运作	建立在公链上的DeFi协议大都是开源的,便于审计和提升透明度

NFT

NFT是一种非同质化资产，不可分割且独一无二。非同质化资产的特点在于不能进行分割，且并不是完全相同的，恰恰现实世界和虚拟世界中的大部分资产都是非同质化的。NFT能够映射虚拟物品，成为虚拟物品的交易实体，从而使虚拟物品资产化。人们可以把任意的数据内容通过链接进行链上映射，使NFT成为数据内容的资产性"实体"，从而实现数据内容的价值流转。映射数字资产之后，装备、装饰、土地产权都有了可交易的实体。

NFT对于构建元宇宙而言意义重大。有了NFT机制，玩家在游戏中购置的各类装备、创造的各类物品，都具备了资产的意义，可以用来交易，而且明码标价。在传统模式下，像游戏装备和游戏"皮肤"，其本质是一种服务而非资产，它们既不限量，生产成本也趋于零。运营者通常将游戏物品作为服务内容销售给用户而非资产，创作平台也是如此，用户使用他人的作品时需要支付指定的费用。NFT的存在改变了传统虚拟商品交易模式，用户创作者可以直接生产虚拟商品，交易虚拟商品，就如同在现实世界的生产一般。NFT可以脱离游戏平台，用户之间也可以自由交易相关NFT资产。

在元宇宙还处于混沌鸿蒙的阶段，很难通过在元宇宙中建立权威的中心化组织来规范元宇宙中的经济行为。Roblox算是开了一个先河。Roblox并没有采用去中心化机制实现交易行为，但是Roblox必须自己小心谨慎地维护Robux币与美元之间"汇率"的稳定。稳定的汇率有助于Roblox生态的繁荣。不同的Roblox之间如何才能交换数字资产呢？这是Roblox本身所不能解决的。

以太坊奠定元宇宙的经济机制，元宇宙提供以太坊丰富的应用场景。二者相得益彰，相互促进。

传统产业的超大陆——EOP

我们在谈论元宇宙，并不是仅仅为了炒作概念，而是清晰地展现了传统产业数字化转型后的最终形态，只是现阶段以可视化、游戏化的方式呈现而已。至少在元宇宙理念中，传统产业首先需要补上的一课就是建立全行业的统一平台。这个平台中应该包括数字创造内容、在线数字市场和必要的金融支付手段。传统的产业中，制造是非常核心的组成部分，相比之下，游戏中的创造的的确确就是游戏。因此，传统产业的统一平台，在制造环节的体现，往往是管理系统。

什么是EOP？

产业生态是数字经济的基本单元，构成这个基本单元的是熙熙攘攘的各类交易，以及围绕这些交易衍生的各类"关系"，比如支付、借贷、物流、供应链管理，乃至生产单元的管理。到底是什么承载了这些交易，实现了这些"关系"，从而让产业生态呈现整体性特征？这就是EOP这个概念产生的背景。

产业生态各类生产、流通、金融、消费单元都应该运行在统一的信息系统之上，以生态契约为基础，以跨行业业务流程为导向，以促进产业生态整体效率提升和总体成本下降为目标。这个统一的综合性运用了互联网、大数据、人工智能等技术的"信息系统"就是EOP，它会成为数字经济的基础设施的组成部分。

这个E跟过去的E不一样，这个E是生态的E（Ecosystem），ERP的E是企业（Enterprise）的概念，这就把范围扩大了。EOP是互相有关联的企业联结在一起。过去是联结内部系统，现在是联结外部系统。O是运营（Operation）的意思，ERP的重点还是在于管理，其核心为企业管理系统，而运营则更多讲的是创造收益的过程，是怎么样把客户、资源、机会、市场的作用发挥得更好。过去ERP的P是计划（Plan）的意思，EOP的P是平台（Platform）的意思，其含义更广。EOP是通过运营的手段把产业资源、企业联结在一起，提供给大家的是开展业务的平台。

EOP和ERP的具体差异是什么呢？①关注的范围不一样。过去关注的是企业内部，现在关注的是行业生态链中的企业。②目标不一样。过去是提高管理效益，降低管理成本，现在是提供市场机会，扩大收入范围，更加Open（开放），"O"既有开放的意思，又有运营的意思，我们应该向外而强，而不是向内而生。③ERP以流程作为很重要的管理手段，过去经常讲BPR（业务流程再造），现在是生态整合。BPR只是企业内部的流程重组，而生态整合是不同行业之间的流程重组的问题，范围更广，难度更大。

商业模式的不同，可以说是颠覆性的变化。EOP作为整个产业生态的运营支持系统，与ERP作为整个企业的管理信息系统从软件属性上而言是一致的；但是ERP的商业模式，是把ERP软件"卖"给客户，ERP和客户之间是甲乙双方的供求关系。

EOP 则不同，EOP 用户不需要"购买"EOP 软件，只是在业务需要的时候"租"用就好，而且在大多数情况下"租"金是"0"。EOP 的提供者与 EOP 的使用者，不再是以前甲乙方之间的"供求"关系，而是形成了一起开拓业务的"共同体"。EOP 与 EOP 用户形成的"业务拓展共同体"，是建立起稳固的产业生态大厦的基石。

从商业模式上看，ERP 本身是商品，但 EOP 提供的"服务"是商品。从软件到服务是一个跨越式的巨大变化，是商业模式的质变。这是新模式与旧模式、新经济与旧经济的分水岭。ERP 公司如果能够完成这个跨越，无疑将涅槃重生；如果不能，必将折戟沉沙。

ERP 与 EOP 之间更重要的差异，是两者承担的使命不同。EOP 面向整个产业生态繁荣，ERP 的目标则是企业管理有序。这就决定了两者在价值观、文化、理念、能力结构、知识结构等方面都有根本性的不同。从某种意义上说，EOP 承担了发展数字经济的使命，同时为数字经济重组产业提供了方法论和工具集。

从企业层面来看，EOP 把大量异质性企业联结在一起，形成互生、共生乃至再生的价值循环体系。从行业层面来看，EOP 把不同的行业，尤其是把第三产业和第一产业、第二产业融合在一起，是一种产业融合机制。从社会协同层面来看，EOP 也是不同的"经济主体"跨越地域、时间、行业的限制所形成的一个社会协同平台。

从这个意义上讲，EOP 不再是简单的软件平台，而是和用户完全融合在一起的完整的经营思想的载体。EOP 公司并非通过 EOP 本身盈利，而是在推动用户业务发展的过程中，通过获得各种服务的"佣金"和"租金"来实现收益。

以 EOP 为基础，利用数字重组产业

数字重组产业是继行政力量重组产业、资本力量重组产业之后，又一个重组产业的力量。这是数字经济区别于农业经济、工业经济的鲜明特征。与行政重组和资本重组不同，数字重组产业具有以下几个特征。

第一，不是试图垄断主业，而是垄断主业的服务。

无论是资本重组产业还是行政重组产业，其根本目标都是要把企业做大做强，最终是要形成垄断性的大型公司。行政重组的典型代表如我国各大央企的组建。资本重组在资本市场上年年发生，例子多得不胜枚举。

数字重组产业不同。数字重组产业的根本目标，是提高产业整体的效率、降低产业整体的成本。重组方的收入不是来自主业，而是来自围绕主业提供的服务。这种收入结构的差异决定了重组方一定要致力于提升整个行业的活力，而非仅仅做大产业规模。

以农信互联为例，其主要收入来自为生猪养殖业提供的各类服务。促进生猪交易，可以收取佣金；提供贷款，可以收取利息；提供物流，可以收取运费；提供信息平台，可以收取使用费。但是农信互联不会亲自养猪。

农信互联和养殖企业之间收入结构上的差异，决定了二者是水乳交融而非水火不容的关系。只有养殖场发展壮大，农信互联才能有更多的收入。因此，像农信互联这样的"数字重组产业"，才能真正带来产业的整体繁荣。

第二，不是控股参股，而是生态契约。

资本重组产业的特征，就是企业股权的变化。被重组方往往失去企业大股东的地位，企业易主。资本重组的本质就是通过掌控企业所有权获得完整的运营权。

但是数字重组产业不同，企业之所以联合在一起，是靠一份份不同的业务合作协议完成的——生态契约。譬如温氏集团，每年都和养殖户签署合同，规定双方的义务和责任。温氏集团承担养殖户所有的销售，但同时养殖户必须遵守温氏的标准，并接受温氏的定期检查。第二年双方根据经营情况，可以续约，也可以不续约。

这种模式，更重视双方的联合经营。养殖户承担具体的养殖任务，温氏提供饲料、销售等服务。双方共同的目标是获得更高的收入。

第三，不是单一行业，而是多个行业。

资本重组，往往聚焦在单一行业的做大做强上，迅速整合出一个大型的企业，试图形成行业垄断的局面。

数字重组不同，其更注重不同行业的融合。凡是主业做大过程中需要的服务业，都在数字重组的视野范围内，包括但不限于银行、保险、基金、物流、交易市场、管理咨询等服务。

第四，不是简单做大，而是业务融合。

数字重组产业收入来自围绕主业的各类服务业。因此，提供更多、更高效的服务，是数字重组的业务目标。在这个目标的驱动下，必然是不同行业之间，高度的业务融合。

而资本重组产业，往往是先把散落的土豆装到麻袋中，至于是做成土豆泥，还是土豆条，是重组以后的事情，但是数字重组，往往先开展业务融合，才继之以企业整合。

07

虫洞，在元宇宙间自由穿梭

> 生存在宇宙中，本身就是一件很幸运的事情，但是不知道什么时候起，你们有了这样一种幻想，认为生存是唾手可得的，这就是你们失败的根本原因。
>
> ——刘慈欣《三体》

我们生活在三维的世界，但是目前所有主流的显示设备都是二维的平面。VR/AR 设备，正在加速走进我们的生活，有望终结手机的平面世界。我们在数字世界中体验真实，在物理世界中感受虚实融合。

终端形态的变化，引发行业格局的变迁，加速人类向数字世界迁徙的步伐。不同的人们聚在不同的元宇宙，人们可以在元宇宙间自由地穿梭。我们虽身形未动，却神游万方。

过去，人们因为器官受损而不得不使用人造设备，未来人们为了增强器官功能可以选择人造设备。智能设备在形体方面，与人体融合，在精神方面，让思想在元宇宙中尽情绽放。硅基生命将会以出人意料的方式进入我们的生活。或许，我们正在慢慢步入"后人类社会"。

人类是自然界中唯一不能完全生活在现实世界的生物。我们为什么会为航天员欢呼，为探险家喝彩？因为我们每个人的内心深处都在渴望摆脱世间俗物的束缚，突破物理的极限，探寻未知的世界。未知的或许就是完美的。毛主席在诗中写道："可上九天揽月，可下五洋捉鳖。"与其说这展现了作者恢宏的格局，倒不如说是毛主席引发了大家心理上的共鸣。人类关于宇宙、世界、精神的思考，从来没有停止过。人们借助绘画、摄影和文学作品来丰富自己的精神世界，从而树立起人类思想史、艺术史、文学史上的一座座丰碑。

　　中国最伟大的小说之一《红楼梦》刻画了金陵十二钗的形象，满足了人们对于美的所有幻想，然而，剧中的美景佳人无不消失殆尽，化为一场空梦，最终"落了片白茫茫大地真干净"。《三体》这部中国最著名的科幻小说，描绘出人类在三维世界永远无法体验到的四维世界的宏阔。然而仅存的四维空间也被毁灭，甚至最后连太阳系也都被摧毁了。创世和毁灭是艺术永恒的主题。或许在现实世界，毁灭才是永恒的主题。然而，我们应该如何思考永生和超越，又该如何思考人类恒久生存的最终幻想？

　　超现实主义艺术家们，给出了自己的选择。他们致力于探索人类的潜意识心理，主张突破合乎逻辑与实际的现实观，彻底放弃以逻辑和有序经验记忆为基础的现实形象。他们将现实观念与本能、潜意识及梦的经验相融合,来展现人类深层心理中的形象世界。现实世界受理性的控制,人的许多本能和欲望受到压抑。然而,那个能够展示人的真实心理和本来面目的世界,是现实之外那个绝对而超然的彼岸世界,即超现实的世界,这就是人的深层心理或梦境。

《哪吒之魔童降世》中的《山河社稷图》是超现实主义的巅峰代表。哪吒被困于图中,不得不潜心学艺。奇幻的是还有一支"指点江山笔",剧中角色想到哪里,这支笔就画到哪里,你能想到的一切场景都能在《山河社稷图》中绘画出来。最后哪吒就是借助"指点江山笔",画了一扇传送门,跑了出来。

《山河社稷图》就是元宇宙世界的艺术想象,"指点江山笔"则是在元宇宙中创造的工具。当我们的技术进一步发展,超现实就会成为司空见惯的事情。在沙盒游戏《我的世界》中,超现实主义的怪物、建筑、物理法则比比皆是,甚至我们可以亲手去创造那些超现实的作品。而这些游戏不过是元宇宙的雏形。游戏中,我们可以亲手缔造超现实的世界。一切梦想、想象、美好、奇幻的事物,都可以完美、完全地呈现。

当然,我们也需要像太乙真人的宝贝《山河社稷图》那样的新工具。借助这种工具,我们就能自由地在不同的"宇宙"间穿梭。而这个工具,就是 VR 技术。

三维,超越手机的平面世界

我们生活在三维空间,我们的视觉体验自然是三维的,但是从古至今，人们思想的载体，却以二维的形式存在。从甲骨文、竹简、纸张到现在的智能手机、电视、电影等，都是二维的存在。电影中视觉特效尤其是 IMAX-3D 技术已经能给观众带来强烈的震撼，但是离身临其境还有些距离。关键就在于观众"知道"自己是在看电影，即便戴上了"3D"眼镜，视场中依然有现实世界的若干物体，譬如遮挡幕布的前排"脑袋"时刻提醒观众，这是在看电影，不要当真。三维的视觉体验，甚至是四维时空的全体验，是人类孜孜以求的目标。随着技术的发展，超越手机平面显示的世界的脚步声越来越近，这将引起产业的巨大变革。智能手机确立的商业模式已经成熟，人们期待的是有可能取代智能手机的新型终端的爆发。

三维的视觉体验根据虚拟和现实的关系，可分为四种类型：VR、AR、MR 和 XR。VR（Virtual Reality, 虚拟现实）技术让人们感受到现实世界之外的虚拟世界，就像电影《头号玩家》中的虚幻世界。AR（Augmented Reality，增强现实），在现实环境中增加虚拟物体。车载 HUD 就是典型的 AR 应用，在风挡玻璃上投射出导航箭头，驾驶员可以在物理的道路上"看"到虚拟的道路标识。MR（Mixed Reality，混合现实）在虚拟环境中增加现实物体。MR 和 AR 比较容易弄混，本文略做解释：AR 的视觉环境是现实，以现实为基础来创造虚拟物品。MR 则相反，视觉环境是虚拟的，以虚拟为背景来创造现实物体。在实际的应用中，两项技术正在快速融合。XR（Extended Reality，扩展现实），可以理解为虚拟和现实的进一步融合，这已经达到"真作假时假亦真，无为有处有还无"的境界了。本书中，"虚拟现实"指 VR/AR/MR/XR，本文不做区分。如果使用的是英文缩写"VR"，就是指狭义的"虚拟现实"。

虚拟现实发展历程

早在 1930 年,在科幻小说《皮格马利翁的眼镜》中,作者就提到了一种特别的眼镜。当人们戴上它时,可以看到、听到、闻到里面的角色感受到的事物,有如真实地生活在其中一般。20 世纪 50 年代中期,美国摄影师 Morton Heilig 发明了第一台 VR 设备:Sensorama。这表明科幻眼镜走进了现实。这台设备拥有固定屏幕、3D 立体声、3D 显示、震动座椅、风扇(模拟风吹),以及气味生成器。毫无意外,这是一个庞然大物,它的成像效果惨不忍睹(见图 7-1)。在 20 世纪,电视技术也才刚刚发展,但是这台设备却展示了虚拟现实的若干概念,模拟的感官包括视觉,还包括人们的触觉、嗅觉。从一开始,人们对于虚拟现实的认识,就是完全地取代人类的感觉器官。到目前为止,这个理想依然没有在消费级产品上完全实现。

图 7-1 第一台 VR 设备 Sensorama,由美国摄影师 Morton Heilig 发明[①]

---

① 请参见:黑匣. 被遗忘的天才:他在 1957 年就制造出了第一台 VR 机器 [Z/OL]. https://www.leiphone.com/category/zhuanlan/aPQEC6l7exN5QScy.html,2016-04-11 [2021-06-21].

07 虫洞，在元宇宙间自由穿梭

1968 年，美国计算机科学家 Ivan Sutherland 发明了最接近现代 VR 设备概念的 VR 眼镜原型。这与 Sensorama 相比无疑是前进了一大步。但是这个头盔太重了，需要使用额外的设备吊在头顶，才能让人们感觉稍微舒适一点。

随着材料、通信、成像技术、计算技术的进步，VR 设备越来越轻、处理能力越来越强。当脸书斥资 20 亿美元收购 Oculus 时，大家忽然发现原来 VR 技术已经取得了巨大的进步。巨头的入场，引发了 2015 年、2016 年虚拟现实产业的热潮。*Pokemon Go* 游戏在全球忽然流行开来。这是一款增强现实游戏，人们可以通过智能手机，在我们日常的生活场景中找到一个"小精灵"，获得游戏的胜利。这款游戏，让资本家敏锐地捕捉到，虚拟现实技术可能成熟了。于是，他们不约而同地对其投入大量资金形成一次投资热潮。但是，不可克服的眩晕感、纱窗一样的 3D 画面、糟糕的带宽，都抑制了人们使用 VR 设备的热情。上一轮高潮留下的记忆，仅限于商场和游乐场中的儿童游戏设备。

当玩家进入 *Half-Life: Alyx* 后，对 VR 设备的担忧烟消云散了。精致的设计、清晰的细节、流畅的画面，无一不让人身临其境。这款游戏让大家看到 VR 技术的潜力，重新点燃了资本市场的热情。

大家纷纷开始称赞脸书收购 Oculus 这一行为。Oculus 也不负众望，成功推出了 Oculus Quest——VR 一体机。Quest 系列非常受欢迎，而且其中搭载的游戏也更加丰富。预计 2020 年 Quest 系列的出货量可以超过 1000 万台。预计到 2025 年，VR 设备的出货量会达到 9000 万台。其增长速度可以和智能手机的增长速度相媲美。

游戏和设备进入相互促进正循环

疫情让游戏开发商和设备厂商都嗅到了商机。"宅"经济不断发展,促进了娱乐、游戏和社交的需求。据统计,截至 2020 年年底,Steam 平台 VR 内容数量已经达到 5554 款,加上 Oculus、VIVE 和 PICO 等平台,目前主流游戏平台上 VR 内容已超过万款。VR 已经进入"用户增加—设备开发商、内容开发者收入提高、设备体验感上升/内容持续丰富—用户持续增加"的正向循环(见图 7-2)。

图 7-2　VR/AR 进入硬件 + 内容相互促进的双循环

(图片来源:公众号"邋遢道人",兴业证券经济与金融研究院整理)

目前,*Half-Life: Alyx* 这款游戏大火。根据 Superdata 数据显示,2020 年发布的 *Half-Life: Alyx* 单款游戏收入超过了 2019 年所有 VR 游戏收入之和,2020 年全球 VR 游戏收入同比增长 25%,达到 5.89 亿美元。2020 年 Steam VR 的会话数量达到 1.04 亿次,新增用户达到 170 万人(初次使用 Steam VR 的用户数量),VR 游戏时间比 2019 年增加了 30%。

07 虫洞，在元宇宙间自由穿梭

Steam 平台①的月连接 VR 设备数量不断创新高，Oculus 已占据半壁江山。Steam 年度报告指出，2020 年平台新增 VR 用户 170 万人，月活 VR 用户 205 万人，根据 Roadto VR 的测算，目前 Steam 平台的月连接 VR 设备数量已经超过 250 万台，且不断创造新高。脸书已占据 VR 消费市场半壁以上江山。2021 年 3 月 Steam 平台 58% 的月连接 VR 设备均为 Oculus 的产品。

超现实的体验已经广泛应用于航天、航空、军事等领域

HUD（Head Up Display）是应用最广泛的一类车载 AR 技术。驾驶员不用低头，就可以在风挡玻璃上看到一些基本的驾驶信息，譬如车速、导航等，已成为提高驾驶员注意力的重要工具。因为成本的原因，该技术一般都用在高档车型。毕竟在日常驾驶中，驾驶员也不会一直盯着前方，瞥一眼仪表盘也无伤大雅。

但是对于飞机驾驶员而言，情况则不同。飞行员，尤其是战斗机飞行员，必须牢牢盯紧前方，任何让飞行员分心的行为，都是应该极力避免的。HUD 最早也是为飞行员量身定制的系统。

训练飞行员需要的设备，远非一套"简陋"的 HUD 系统。电影《中国机长》真实还原了一次极限驾驶的场景，即飞机风挡玻璃突然破裂。机长在青藏高原上空艰难地控制飞机，以血肉之躯对抗时速数百公里的大风、严寒，最终安全降落在机场。这样挑战极限的驾驶体验，在物理世界中还是要尽量避免，一旦发生，极易机毁人亡。中国

---

① Steam 是全球目前最大的游戏发行平台。

机长凭借其实力、勇气和运气等多重因素化险为夷。

飞行员需要应对极限情况,穿越雷雨云、飞鸟撞击、风挡玻璃破裂、发动机停机等事件。一旦发生特殊情况,我们该如何应对?这样的训练绝非儿戏。但是,哪个飞行员能在没有这些应对经验的时候,就去驾驶飞机呢?如果不去驾驶飞机,怎么能遇到这些极限情况呢?这样一来,问题成了先有鸡还是先有蛋的死循环。解决之道,就是飞行员在模拟驾驶舱中训练。

模拟驾驶舱可以"真实"再现极端场景,给飞行员营造身临其境的现实感。在模拟舱中,驾驶员们可以磨炼驾驶技术,练就抗压能力。在实际的飞行员生涯中,尽管飞行员已经成为行家里手,但还是会定期到模拟舱复训,确保应对各种突发状况的敏锐性。

对于宇航员而言,只有模拟舱训练一条路可以走。登月、登陆火星这样的高难"动作"前无古人,地球上更不可能有和月球、火星一样的自然环境。科学家只能根据观测数据、科学分析,建立起完整的模拟月球、火星的自然环境来训练宇航员。

虚拟现实的技术,早已经达到了"以假乱真"的程度,但是仅限于航天、军工等特定的领域。毕竟,建设一个飞机模拟舱的成本,甚至会高于制造一架飞机。成本是制约虚拟现实技术普及的一个重要原因。

虚拟现实的行业应用,已呈燎原之势

VR 技术行业应用之汽车制造行业

VR 汽车外观设计与造型方面的建树十分突出,针对这些车辆外形设计的问题，VR 技术已经给出了优秀的应对措施。借用 VR 平台，设计师可以 1∶1 放大 3D 模型，无须制作油泥模型就可以在虚拟空间以实物尺度评审设计，节省了油泥模型的制作成本，大大地缩短了项目周期，节省了项目成本。而且 VR 平台无须导出模型数据且兼容多种 3D 软件，这些都让 VR 技术在汽车行业赢得青睐。

VR 技术行业应用之电力能源领域

VR 输变电工程设计与电柜倒闸送电操作给能源领域带来变革，VR 输变电工程设计可以让客户通过虚拟化的视觉构建体验身临其境的场景环境，工作人员不必亲临现场就可以协同开展输电线路设计。

VR 技术行业应用之汽车零售业

客户在购买汽车之前，可以通过 VR 技术进行虚拟试驾。3D 展示已经在电商网站上得到普及和应用。如果能借助 VR 设备体验虚拟试驾，将是汽车销售行业的革命。

VR 技术行业应用之旅游业

VR 与旅游的结合是未来旅行、观光、文化导览的一个重要发展方向。VR 技术既能展现出自然景观的恢宏之美，也能模拟还原人文景观的历史面貌，因此很多数字博物馆都应用了此类技术。Pokemon Go 类型的游戏和真实的风景名胜结合，这自然会带来一股旅游业新风。

VR 技术行业应用之房地产业

贝壳找房数据透露：VR 看房促使人均线上浏览房源量提升了 1.8

倍，线上停留时间增长 3.8 倍，同时，7 日内看房成功的效率提升了 1.4 倍。

VR 技术行业应用之自动化领域

通过虚拟现实，我们可以根据设计蓝图及方案直接模拟出厂矿中自动化设备的现实场景，通过 VR 头盔在虚拟场景中逐条测试程序段，最后进行整体的功能性测试。

VR 技术行业应用之体育领域

荷兰国家队已经在教学和训练中采用 Beyond Sport 的 VR 技术进行演练、视频分析、战术复盘，以帮助足球队提升训练水平。

VR 技术行业应用之教育领域

将 VR 全景应用于教育行业可以大大提高学生的参与度与学习兴趣。VR 全景技术可以让抽象的概念具体化，让晦涩深奥的化学成分、遥远神秘的天文景象都呈现在眼前，供学生观察学习。我们可以在教学时配以旁白解说、文字及相关学习资料，为学生营造沉浸式的学习体验，大大提高学生的理解能力与学习效率。

VR 技术行业应用之娱乐

2017 年举办的第 74 届威尼斯国际电影节上新增设了 VR 竞赛单元。这意味着在追求极致沉浸式观影体验的当下，VR 电影越来越受关注。

日前，香港旅游发展局推出"VR 时光倒流香港游"微电影，利用 VR 技术重现昔日香港的经典场面。游客既可在香港的著名地标饱览维多利亚港的景色，又可置身于昔日香港岛及九龙的经典场景中，体验当时居民的日常生活，感受香港的昔日情怀。

VR 技术行业应用之医疗健康

2016 年，上海瑞金医院成功借助 VR 技术直播了 3D 腹腔镜手术，开创了国内 VR 直播手术的先河。

虚拟现实模拟学习是加州大学旧金山分校医学院 Bridges Curriculum 课程的一部分。该课程是一种创新性的尝试，主要强调教会学生看到卫生保健相互联系本质的方法。

天生患有斜视的 James Blaha 在体验 Oculus Rift 头盔时，发现这款头盔能够改善自己的斜视。他通过两年的亲身试验，恢复了 80% 的立体视觉。后来，他成立了 See Vididly 公司，并开发了一款叫作 Vivid Vision 的软件，为那些患有斜视或弱视的患者提供 VR 视力治疗。

VR 技术行业应用之矿业生产

由于地质采矿条件复杂、生产体系庞大、采掘环境多变等特点，矿山开采面临巨大挑战，而随着智慧化成为继工业化、电气化、信息化之后世界科技革命又一次新的突破，建设绿色、智能和可持续发展的智慧矿山成为矿业发展新趋势。用一部手机、一副 VR 眼镜运营整座矿山不再是梦想。

VR 技术行业应用之军事

ULTRA-VIS 系统是集成全息透视显示和视觉跟踪定位的系统。

使用该系统，士兵的武器装备数据（枪械弹药信息等）和战场信息通过全息显示叠加在视野中，士兵通过这套系统能直观地观察周围的其他部队、车辆及飞行器的位置，并进行敌我识别。该系统还可以为士兵导航线路，标记危险区域，不仅可以为士兵提供安全保障，还能提供最佳的战斗信息指导。

美国陆军通信与电子研究、开发和工程中心（US Army CERDEC）研发了一套 AR 作战系统——战术增强现实（Tactical Augmented Reality，TAR）。该系统在士兵头盔上集成一个增强现实微型显示屏，作战指令、战术地图、热成像仪的图像、目标距离等信息都能在头盔上显示，并能共享给团队的其他成员。

增强现实的例子，就在我们身边[①]

社交

社交软件无疑是 AR 的主要应用。Snapchat 出类拔萃，推动了 AR 的普及。截至 2021 年第一季度，Snapchat 日活用户达 2.8 亿人，其中平均有 2 亿用户每天都使用 AR 互动。其最初（且最受欢迎）的功能是在视频通话中为用户提供 AR 叠加滤镜。它还有一定程度的实用功能，提升视频通话体验，如用户可以尝试新发色，并获得好友反馈。

欧莱雅等品牌利用这些"滤镜"来进行新颖的产品广告宣传。Snapchat 在发展过程中也不断增强其 AR 功能，增加了对身体其他部位的识别，如用户可以借助脚部识别技术试穿虚拟鞋子。此外，用户

---

① 这部分的内容，参考了华为子公司的 AR 洞察和应用报告白皮书。

还可以为现实场景添加滤镜。这些功能为用户提供了新颖的体验,也让更多品牌能利用 AR 进行广告宣传和市场营销。

游戏

与 AR 社交应用一样,游戏也是将 AR 推向大众市场的一类主流内容。Niantic 开发的 *Pokemon Go* 在全球大获成功,引领了 AR 游戏的风潮。这款游戏推出后迅速风靡全球,截至 2018 年 5 月,月活用户超 1.47 亿人,2019 年年初,该游戏下载量超十亿次。截至 2020 年,其收入已超过 60 亿美元。

这款游戏的独特之处在于将现实和虚拟世界结合起来,为玩家提供基于实景的 AR 体验。宝可梦(神奇宝贝)散落于真实世界的各个角落,玩家需要四处走动来捕获它们。当玩家遇到宝可梦时,它们会通过 AR 模式显示出来,就像存在于真实世界一样。玩家还可以进行宝可梦竞技,同样是基于实景(宝可梦竞技场)。此外,游戏出品方还实现了游戏体验与实景的进一步结合。例如,玩家可以在真实世界中靠近水的地方找到水生宝可梦。

Pokemon Go 不仅作为游戏大获成功,其广告模式也非常成功。因为宝可梦散落于真实世界的各个角落,所以可以利用这一点来吸引大家前往某个地点。例如,2016 年,该游戏与日本麦当劳合作,将麦当劳门店变成了宝可梦竞技场。这一合作为每家麦当劳门店平均每日增加了 2000 名顾客。随后,美国运营商 Sprint 也与 Niantic 合作,为全美 1.05 万家零售店进行了类似推广。

AR 游戏也可以与家中室内场景结合,如任天堂推出的《马里奥赛车实况:家庭赛车场》。玩家利用装有摄像头的实体玩具车进行比赛，在家里布置赛道，然后通过增强现实技术叠加传统马里奥赛车游戏里的图形元素。游戏中只有赛车和家具是真实的，其他内容都是通过 AR 叠加的图形元素。

基于 HMS Core AR Engine，华为与众多中国互联网娱乐合作伙伴（包括腾讯、网易、完美世界、迷你玩等）联合开发了大量知名游戏，在中国推动了游戏的创新体验和 AR 生态的发展。以 X-Boom 游戏为例，玩家的任务是对叠加在现实世界中的 AR 动物角色进行射击。

教育

AR 还被用于创造新颖有趣的教育体验。与其他类型的应用不同，许多教育应用由已有的图书出版商、广播公司和其他已涉足教育行业的公司和公益机构研发——当前教育行业的参与者热衷于使用 AR。相关应用通常会与电信行业伙伴合作，因此这类 AR 应用可能是移动运营商进入 AR 市场的重要切入点。

欧洲核子研究组织（CERN）与谷歌的艺术与文化部门合作推出的"宇宙大爆炸"（Big Bang）AR 应用是一个非常典型的例子，研发者利用 AR 来展现始于大爆炸的宇宙形成过程，用户可以通过手势触发超新星，或将行星放在手上，这带来了互动式学习的全新体验。

零售

AR 社交和游戏应用常常与零售商和品牌方合作，将虚拟物件叠加到实际物体上，可让消费者"先试后买"。此外，在现实场景中添加虚拟物件能够吸引消费者到商店或餐馆消费。

目前，专门的零售应用也已问世。LGU + 子公司 Evecandylab 在 2019 年推出了 augmen.tv 服务。在合作的购物频道上，用户可举起手机对准电视，将电视中的物品"拖"到屋内，随意摆放并与之互动，看这些物品放在屋内的效果，用户还可以通过直接点击物品进行购买。

许多零售商也推出了自己的应用。通过 IKEA Place 应用，用户可以将实际大小的宜家家具模型摆放在家中查看效果，购买前先看看尺寸样式是否合适。这对消费者来说非常实用。其他家具公司也推出了类似的应用，AR 功能正在迅速普及。

导航

导航也是当前 AR 功能应用的一个关键领域。谷歌地图和谷歌地球都加入了 AR 功能。除了提供更直观的导航这一实用功能外，软件研发者还可以在餐馆或地标等真实地点上叠加"地点标志"，方便用户获取额外信息。

旅游

"AR + 西湖"是中国杭州的一个 AR 旅游创新应用。西湖是中国被列入世界文化遗产名录的著名旅游景点，AR 丰富了游客在西湖旅游的内容，提供了沉浸式的观景体验。游客通过下载"掌上西湖"App 进入"AR 游西湖"版块，手机对准所参观景点，屏幕便能即刻显示与该景点相关的背景故事，让游客沉浸其中。"AR + 西湖"旅游路线包括平湖秋月、放鹤亭、苏小小墓、岳王庙等，全程 AR 体验区达 1.4 千米。同时,"掌上西湖"App 还实现了全景区 AR 智能导航、导游及导购功能,最大限度地为游客提供便利,让旅游变得更丰富、更有趣,也更轻松。

仓储

相对于消费者,企业才是头显设备使用需求最大的群体。专用头显设备能让工人解放双手,无论是简单任务(仓库拣货)还是复杂任务(AR 辅助手术)AR 都能够辅助完成。

DHL 利用 Google Glass 来提升仓库拣货的准确率、生产力和效率。经过 2015 年的成功试点,如今 AR 眼镜已经成为 DHL 全球仓库作业的标配,将生产力平均提高了 15%。

元宇宙,虚拟现实应用的终极场景

纵观虚拟现实在各行各业的应用,虚拟现实技术目前依然处在零星的、散状的实验阶段。其中技术限制因素固然重要,更重要的是不能孤立地应用虚拟现实技术,要借助智能手机时代形成的数字创造、数字市场、数字消费、数字资产的模式,迅速拓展,在细分领域占据领先的位置。

譬如旅游业,单纯地建立逼真度非常高的风景名胜在 VR 中供人欣赏是没有出路的。再美的风景,大家多看几次,也就厌烦了。旅游的本质是人与人的共同经历。与你同行的人,远比看到的风景更重要。在虚拟世界中,必须营造出比物理世界更加丰富的体验,这才是胜出的根本之道。这就归结为元宇宙的两个特征:沉浸感和社交网络。

07 虫洞，在元宇宙间自由穿梭

游戏展示了体验的发展方向。游戏中剧情、线索的比重，将会逐渐超过游戏中动作的比重。大家在游戏中的共同经历，将成为 M 世代（Multimedia Generation，多媒体世代）一代人的整体记忆。能把虚拟现实、沉浸感、社交网络，甚至经济行为合为一体的，就是元宇宙。元宇宙是带动虚拟现实技术成长的场景，虚拟现实技术的发展，奠定元宇宙繁荣的技术基础。

终端的进步与产业的变革

终端，对应的英文单词是"terminal"，是一条通信术语，原义是指远离计算主机的输入输出设备；现在泛指与最终用户交互的网络设备。譬如，手机就是典型的终端，而过去的胶片照相机不能算终端，因为没有联网功能。自动驾驶的汽车，也是一种类型的终端。

终端是通信技术、网络技术、芯片、软件、传感器、制造工艺等各类技术的综合应用，代表了先进的技术和先进的商业模式。

李书福曾经笑称："汽车不就是四个轮子的沙发吗？"马斯克也曾经云淡风轻地说："汽车不就是四个轮子的平板电脑吗？"此后，特斯拉横空出世。汽车自身也进化成为一种新型的终端，开始颠覆传统汽车产业格局。

VR/AR 都属于一类新型的终端设备，就像特斯拉的出现颠覆汽车产业一样，VR/AR 终端的普及，同样会带来行业的大变革。我们回顾终端的发展历史，从中找出虚拟现实的发展路径。

理解终端与产业变革，我们从 iPod 开始讲起。

iPod 的丰碑

iPod 是便携音乐播放器发展史上的一座丰碑，至今仍无人超越。"苹果公司是先开发了 iPod 还是先开发了 iTunes 软件？"这个问题恐怕连最资深的苹果粉丝也难以回答。

在 2000 年左右的美国，人们热衷于从 P2P 软件中下载音乐并刻录到 CD 上，但下载软件、刻录软件及刻录机的操作具有一定的门槛，只有发烧级的音乐爱好者才会钻研如何使用这些东西。乔布斯从中看到了巨大的商机，他收购了音乐管理程序 Rio 的创业团队，并用他一贯苛刻的要求使得该产品变得更简单易用，优化用户体验。这款产品就是后来的 iTunes①。

有了 iTunes 之后，乔布斯希望能有一个和 iTunes 配套的产品，让用户更轻松地收听音乐，这样 iPod 才被创造出来。事实上是先有 iTunes，后有 iPod，这和许多读者的认知恐怕有所不同。iTunes 创立之初面临着"巧妇难为无米之炊"的困境，而当时的唱片公司日子也不好过，整天在一系列的盗版案件中挣扎。乔布斯凭借其在好莱坞的创业经验和天才的商业头脑，说服了五大唱片公司向其提供数字音乐

---

① iTunes 是一款媒体播放器的应用程序，2001 年 1 月 10 日由苹果公司在旧金山的 Macworld Expo 推出，用来播放及管理数字音乐与视频文件，至今依然是管理苹果电脑最受欢迎的 iPod 的文件的主要工具。此外，iTunes 能连接到 iTunes Store（在有网络连接且苹果公司在当地有开放该服务的情况下），以便用户下载购买数字音乐、音乐影片、电视节目、iPod 游戏、各种 Podcast 及标准唱片。

的销售权。乔布斯计划把每首歌曲的价格定为让人心动的 99 美分，唱片公司将从中抽取 70 美分。于是 iTunes 商店诞生了，"音乐公司能赢利，艺术家能赢利，苹果公司也能赢利，而用户也会有所收获"的"四赢"商业模式最终被确立起来。iTunes 商店在推出后的 6 天内就卖出了 100 万首歌曲，在第一年卖出了 7000 万首歌曲；2006 年 2 月，iTunes 商店卖出了 10 亿首歌曲；2010 年 2 月，iTunes 商店卖出了 100 亿首歌曲。

在"iPod + iTunes 商店"模式中，人们发现硬件、软件、内容（音乐）首次完美地结合在一起，形成最佳的用户体验。苹果通过大量的 iPod，控制了音乐发行的渠道，从而引发整个音乐产业的变革（见图 7-3）。

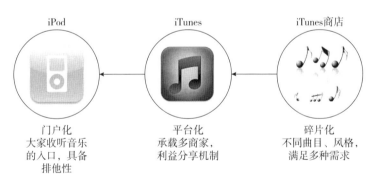

App Store 即 application store，通常理解为应用商店。App Store 是一个由苹果公司为 iPhone 和 iPod Touch、iPad 及 Mac 创建的服务，允许用户从 iTunes Store 或 MacApp store 浏览和下载一些为了 iPhone 或 Mac 开发的应用程序。用户可以购买或免费试用，让该应用程序直接下载到 iPhone 或 iPod Touch、iPad、Mac。其中包含游戏、日历、翻译程序、图库，以及许多实用的软件。App Store 在 iPhone 和 iPod Touch、iPad 及 Mac 的应用程序商店都是相同的名称。

图 7-3　iPod + iTunes 开创了泛互联网化模式的雏形

在这个模式中，iPod 作为一款独立的音乐播放设备，非常受人欢

元宇宙

迎。同类的 MP3 播放器，跟 iPod 相比就像廉价的山寨货。iPod 已成为人们收听音乐的首选，没有人在使用 iPod 的时候，还会使用其他播放器。iPod 客观上具备了音乐门户的特征。

iTunes 商店则构建了和唱片公司合作的商业模式，分成比例接近 7∶3，唱片公司占大头。在 iTunes 商店中，唱片公司没有盗版的困扰。苹果公司，进一步直接和有才华的音乐人签约，他们可以跳过唱片公司，直接在 iTunes 商店中，发行他们的最新作品。苹果公司取代了唱片公司部分职能，同时通过 iTunes 商店获利的第三方也大大增加，iTunes 商店已成为一个广受欢迎的音乐发行平台。

消费者自然众口难调，苹果打破了按照唱片发行的惯例，用户可以购买单独的曲目，不再把好听的歌曲和差的歌曲混在一起强迫消费者购买。把唱片碎片化成单独歌曲，从而最大限度地满足了用户个性化的需求。

我们可以站在消费者的立场，从数据的角度再来总结"iPod + iTunes"模式。音乐可以同时保存在 iPod 和 iTunes 中，这两者之间通过"同步"的机制来保持一致性。另外，同步的数据中还包括"播放列表"数据。播放列表就是消费者的"偏好"，这极具个人色彩，每个用户的播放列表肯定是不一样的。在"iPod + iTunes"机制中，"播放列表"并不完全依赖 iPod，这就保证当人们换一个新 iPod 时，依然能够非常容易地找到自己喜爱的歌曲。

这种数据"同步"的机制，和纯粹的互联网应用是不同的。纯粹的互联网应用在用户的"终端"是没有数据的。换句话说，泛互联网化的终端是在离线状态下，依然可以发挥核心的功能。如果在联网的状态下，用户可以获得更多的数据。而纯粹的互联网应用在离线状

07 虫洞，在元宇宙间自由穿梭

态下是不可用的。这也是泛互联网化应用与互联网应用之间重要的差别。

唱片行业的挽歌

所有的唱片公司老板当初答应乔布斯通过 iTunes 销售歌曲时，没想到自己将亲手埋葬这个行业。

在 iPod 问世之前，歌手创作音乐，唱片公司制作唱片并向全国推广发行。大型的唱片公司占据行业的枢纽地位。歌手如果不和大型的唱片公司签约，再有才华也可能无人问津，但是有了 iPod，局面有所改观，所有的音乐爱好者，都喜欢 iPod 代理的优美音质和随时随地的体验。更重要的是，通过 iTunes 可以购买自己喜欢的任何歌曲、音乐，并且立刻就可以在 iPod 中欣赏，人们再也不用跑到唱片店选购唱片，带回家欣赏。

所有的唱片公司发行能力，都被 iTunes 取代了。歌手发现自己可以很容易地把自己创作的歌曲上传到 iTunes，iTunes 成为最大的歌曲发行商。借助"iPod + iTunes"组合，音乐爱好者和歌曲作者紧密地连接在一起，再也没有唱片公司的任何生存空间。

唱片公司，作为一个行业，永远消失了。

苹果公司在音乐行业是如此成功，成功到完美地消灭了一个行业。自此以后，苹果进军其他产业的路径，就格外艰难。最典型的就是苹果到目前为止，也没有搞定电视产业。其主要原因就是大型的制片公司，看到唱片公司的下场不寒而栗，他们集体抵制苹果，没有任何一家制片公司和苹果深入合作。

元宇宙

从 iPod + iTunes 到 iPhone + App Store

iPod 非常成功，2005 年 iPod 设备的销售收入占据苹果公司收入的 45%。乔布斯不但没有志得意满，反倒深感担忧。他认为，能抢走 iPod 风头的，一定是手机。当每部手机中都内置了音乐播放软件时，iPod 的路就走到了头。

幸运的是，苹果公司开发出了风靡世界的智能手机——iPhone。的确如乔布斯所言，iPhone 内置了 iPod 音乐播放器，不仅如此，还继承了 iPod 时代行之有效的"音乐商店"的做法，把音乐商店，扩展成"应用商店"。消费者可以通过应用商店下载各种各样有趣的应用软件，如给照片装饰一个相框，或者记录自己每天跑步的里程等。

2008 年 3 月 6 日，苹果对外发布了针对 iPhone 的应用开发包，供用户免费下载，以便第三方应用开发人员开发针对 iPhone 及 Touch 的应用软件。3 月 12 日，仅用不到一周时间，苹果宣布已获得超过 100000 次的下载；三个月后，这一数字上升至 250000 次。众所周知，苹果公司一直以来在产品及技术上都具有一定的封闭性。在 IBM 推出兼容个人计算机之后，微软等一系列软件公司围绕 PC 开发了很多办公、娱乐软件，通过增强用户对软件的黏性争夺了很大一部分个人计算机用户。而苹果的 Mac 电脑由于其软件和硬件的兼容性问题一直未被苹果公司重视，因此只拥有 10% 左右的"铁杆粉丝"。苹果这次推出 SDK 之举可以说是第一次向个人和企业开发者抛出了橄榄枝。另外，用户购买应用所支付的费用由苹果与应用开发商按照 3 : 7 的比例分成，那些一战成名的暴富神话吸引了全球众多的企业开发者和个人开发者。在开发者众星捧月般地簇拥到 App Store 这个平台之后,一个商业生态系统悄悄地形成了。2008 年 7 月 11 日苹果 App Store 正式上线,可供下载的应用已达 800 个,下载量达到 1000 万次。2009 年 1 月 16 日,数字刷新为逾 1.5 万个应用,超过 5 亿次下载。截至 2021 年,App Store 应用程序数量逾 200 万个。

"应用商店"催生了内容创造产业,其影响力波及整个信息行业,大家不约而同地在思考相同的问题:我们应该成为苹果应用商店里一个碎片化应用,还是另起炉灶,创建自己的应用商店?

iPhone 作为最流行的手机之一,扮演"大门户"的角色。无论是打电话、玩游戏、刷微博还是阅读电子杂志,人们越来越离不开 iPhone。应用商店扮演平台的角色,解决了与广大开发者之间的利益分配问题,并成为推广软件应用的主要渠道。应用商店里形形色色的各种碎片化应用,满足人们工作、娱乐、休闲、购物等多种需求。

让我们再回到大数据的视角,来审视应用商店模式。用户只有在下载或更新应用时,会使用应用商店;而用户使用应用程序而产生的"行为数据"和"内容数据",并没有被收集和记录。换句话说,仅仅拥有消费者在应用商店中下载应用软件的数据,还不足以构成"大数据",这些数据的活性不足。

当 iPad 平板电脑推出后,数据问题就更加突出了。人们在 iPhone 中存有大量的照片、通信录、音乐、文档等资料,但是如何方便地在 iPad 上看到呢?如果手机丢了,这些资料又如何找回呢?而后,iCloud 应运而生了。

iCloud 形成完整的商业版图

2011 年 5 月 31 日，苹果公司官方发布 iCloud 产品，提供了邮件、日历和联系人的同步功能。除此之外，iCloud 还具有强大的存储功能，可以存储人们购买的音乐、应用、电子书，并将其推送到所有匹配设备。可以说，iCloud 第一次使得包括 iPhone、iPod Touch、iPad，甚至是 Mac 电脑在内的所有苹果产品无缝连接。借助 iCloud，苹果产品也实现了从多个数据源收集数据并进行统一存储和索引的功能，为搭建大数据中心铺平了道路。

iCloud 具有以下几大功能：照片流、文档和应用云服务、日历、通信录、邮件、iBooks 备份和恢复。我们发现，每个功能都是苹果收集用户数据的来源（见图 7-4）。

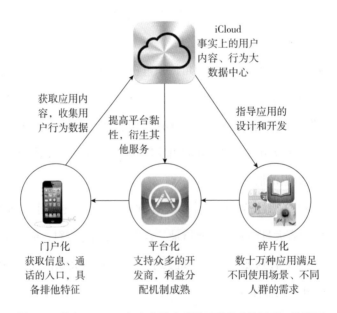

图 7-4 推出 iCloud，标志苹果完成泛互联范式的最后一块拼图

07 虫洞，在元宇宙间自由穿梭

照片流功能实现用户以通过多个 iOS 设备终端实现实时共享照片的功能，终端包括 Mac 和 iPad。将照片从数码相机导入电脑之中，iCloud 会即刻通过 WLAN 将它们发送到用户的 iPhone、iPad 和 iPod Touch 上。用户无须人为地去同步或是添加照片到电子邮件的附件中，也不必传输文件，照片就会出现在每一部苹果设备上。同时，用户可以选择指定的人群来共享照片。用户也可以让观众对照片发表评论，并可以回复他们的评论。照片流的功能使得用户影像数据得到统一保存，为影像数据的收集提供了方便。

文档和应用云服务功能使得可以在 Mac、iPhone、iPad 和 iPod Touch 上创建文档和演示文稿。同样地，iCloud 可让该文件在所有 iOS 设备上保持更新。iCloud 已内置于 Keynote、Pages 和 Numbers 等 App 中，此外还可与其他支持 iCloud 的 App 配合使用。同时，用户在某一设备上购买的应用也将自动同步到其他设备中。这一功能具有革命性的意义，开发者通过苹果提供的 iCloud API，可以将自己开发的应用产生的数据保存到云端。用户在使用这个支持 iCloud 的应用时，无须人为地上传或同步数据，即可实现在多设备上同步编辑文档。苹果公司也通过这种方式获得了更具价值的应用数据，进而为应用大数据打下了基础。

日历、通信录和邮件让用户可以利用 iCloud 存放用户的私人数据，包括日历、通信录和电子邮件，并让数据在所有设备上随时更新。一旦用户删除了一个电子邮件地址，添加了一个日历事件，或更新了通信录，iCloud 会在各处同时做出这些更改。同样地，用户的备忘录、提醒事项和书签也会进行同步。日历、通讯录和邮件这三个数据源提供了用户最为私密的也是价值最高的数据。苹果公司能够收集到用户的私人数据，这无疑会大大地提升个性化服务的水平。

iBooks 是又一个具有竞争力的功能。由于移动阅读具有最为广泛的潜在客户群及更为广阔的市场空间，因此一直是各个终端厂商、服务提供商、应用开发商及运营商争夺的领域。苹果公司凭借其统一、流畅的用户体验赢得了众多用户。iCloud 的出现无疑进一步巩固了 iBooks 的市场地位。一旦用户从 iBooks 获得了电子书，iCloud 会自动将其推送到用户的所有其他设备中。对于其他操作，iCloud 也会进行数据的同步。比如，用户在 iPad 上开始阅读，加亮某些文字、记录笔记，或添加书签，iCloud 就会自动更新用户的 iPhone 和 iPod Touch。

备份和恢复同样值得一提。用户的 iPhone、iPad 和 iPod Touch 上存放着各种各样的重要信息。在接通电源的情况下，iCloud 每天都会通过 WLAN 对信息进行自动备份，而用户无须进行任何操作。当用户设置一部全新的 iOS 设备，或在原有的设备上恢复信息时，iCloud 云备份都可以担此重任。只要用户将设备接入 WLAN，再输入 Apple ID 和密码就行了。备份和恢复不仅是方便客户的功能，对苹果也极具意义，它最大化地收集了用户的数据，可以衍生出其他服务，并指导其他应用的设计和开发。

如果把时间切换到 60 年前，人们将发现 iCloud 的意义远远超过 iPhone 的成功。计算机自诞生以来，一直扮演"数据中心"的角色。人们所有的文件、资料都保存在个人计算机中。iCloud 横空出世，将取代个人计算机的"数据中心"角色。iCloud 也不同于纯粹的互联网应用，其思想和 iPod 时代的音乐管理一脉相传，即泛互联网化。

数字经济商业模式确立

从 iPod + iTunes 到 iPhone + App Store，再到 iPhone + App Store + iCloud，数字经济的商业模式基本形成，涵盖了数字创造、数字市场、数字消费、数字资产的各个环节。

2011 年 iCloud 的推出标志数字经济商业模式确立。十年间，所有大厂的争夺都是围绕数字创造、数字市场、数字消费和数字资产展开。其中，小米的崛起最具代表性。

小米完全复制了苹果的商业模式，可以看作低配版的苹果。小米公司 2010 年刚刚成立，十年之后，跻身世界 500 强行列。

智能手机，进步趋缓

2007 年苹果发布的第一代 iPhone 宣告着智能手机时代来临。到目前为止，iPhone 已经诞生 14 年了。14 年来，硬件、软件都有飞速的发展。人们的生活、工作已经完全不能离开手机。

如果从外观来看，第一代 iPhone 无疑是颠覆性的。从十几个物理按键，一下子变成只有一个物理按键。一看就是全新的物种，一定和过去的手机有根本的不同。因此，乔布斯用了一句宣传语"我们重新发明了手机"。但是，到现在为止，手机的外观变化很小，唯一的物理按键也没有了，手机正面就是一块玻璃屏幕。其只好围绕尺寸做文章，再大一点，就变成平板电脑了。

或者，我们从维度的角度来看，手机尽管发生了很多变化，但是始终显示的是二维世界。二维世界，手机、平板电脑、电视这些不同尺寸的屏幕，已经发展到相当高的水平。

突破可能会来自三维世界。就像 iPod 探索形成的商业模式，唤醒了 iPhone 手机的诞生。手机在二维世界的商业模式和经济模型已经完全成熟。之后再发展的就是终端的变化了。革命性的变化，才能带动全行业的发展。

VR/AR 设备，爆发前夜

经过近半个世纪的积累，我们终于迎来了有望取代智能手机地位的新终端——VR 一体机。从产业周期上看，现在正处在 VR/AR 爆发的前夜（见图 7-5）。

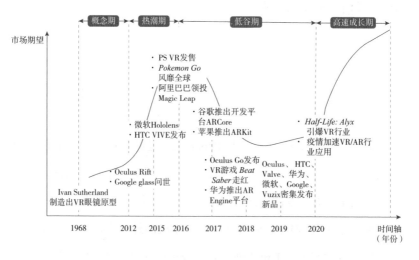

图 7-5　VR/AR 产业趋势（资料来源：东方证券研究所）

互联网巨头的一些动向，反映了产业的趋势。最具代表性的是脸书。扎克伯格致力于 VR/AR 与社交的有机结合构建社交元宇宙。

2014年，Facebook以30亿美元收购了Oculus VR，正式进军VR领域。在2016年，Facebook提出的十年规划版图中，3—5年内，他们将着重构建社交生态系统，完成核心产品的功能优化。未来10年，Facebook将侧重于VR、AR、AI、无人机网络等新技术。截至2021年年初，Facebook参与VR/AR技术研发的员工比例由2017年的1∶10增长至1∶5，并频频投资VR/AR领域的技术领先者。凭借技术赛道与社交领域的双重优势，Facebook有望构建大型社交元宇宙平台。

从Facebook频繁的投资、收购动作中，可以观察到这家公司的野心。终端设备、游戏内容、分发渠道、社交网络几乎全部涵盖。虽然在智能手机市场，Facebook已没有进入的机会，但是借助新终端设备的崛起，Facebook有望复制苹果公司在智能手机市场的成功故事。

Facebook很可能成为元宇宙的引领者之一。

后人类社会和硅基生命

时间都去哪儿了？

根据国家统计局第二次全国时间利用调查结果，居民在一天的活动中，个人生理必需活动平均用时11小时53分钟，占全天的49.5%；有酬劳动平均用时4小时24分钟，占18.3%；无酬劳动平均用时2小时42分钟，占11.3%；个人自由支配活动平均用时3小时56分钟，占16.4%；学习培训平均用时27分钟，占1.9%；交通活动平均用时 38 分钟，占 2.7%。

有意思的是，吃喝拉撒睡这些基本的生理需求，几乎占据了人们一天之中一半的时间。用于工作的时间也就 4 个小时。除了生产线上的工人在工作时间无法使用手机之外，工作、个人自由支配、交通、学习培训的时间都可以使用手机。况且许多岗位的工作，就是依赖手机完成的，譬如快递行业。推算下来，人们一天在智能手机上消耗的时间很可能长达 5 小时以上。

根据 2020 年第 45 次中国互联网络发展状况统计报告，2019 年 12 月，在手机网民经常使用的各类 App 中，即时通信类 App 的使用时间最长，占比为 14.8%；网络视频（不含短视频）、短视频、网络音频、网络音乐和网络文学类应用的使用时长占比分列第二到第六位，依次为 13.9%、11.0%、9.0%、8.9% 和 7.2%。短视频应用使用时长占比同比增加 2.8 个百分点，增长明显。

网民在手机观看各类视频上花费的时间，占了总时长的三分之一。就像本章开头所讲，人类是唯一不能完全生活在现实世界的生物。从统计上来看，如果我们把视频内容等同于虚拟空间的话，人们其实已经在元宇宙中沉浸，而不自知。按照这两次统计的结果来看，人们每天至少花费 2 小时在元宇宙中生活。

当人们戴上 VR 头盔的时候，人们沉浸的时长可能不会有太大的变化。这对人类体验的影响，对人类思想的冲击都不容小觑，而这个过程才刚刚开始。

脑机接口和外骨骼

脑机接口和外骨骼,都是直接增强个人能力的技术。脑机接口,可以让数字化技术直接理解大脑的指令;外骨骼则直接增强人的体力。

脑机接口,有时也称作"大脑端口"(direct neural interface)或者"脑机融合感知"(brain-machine interface),是在人或动物脑(或者脑细胞的培养物)与外部设备间建立的直接连接通路。在单向脑机接口的情况下,计算机或者接收脑传来的命令,或者发送信号到脑(如视频重建),但不能同时发送和接收信号,而双向脑机接口允许脑和外部设备间的双向信息交换。大脑的测量和分析已经达到可以解决一些实用问题的程度。很多科学家已经能够使用神经集群记录技术实时捕捉运动皮层中的复杂神经信号,并用来控制外部设备。人工耳蜗是迄今为止最成功、临床应用最普及的脑机接口。它帮助许许多多的聋哑人恢复了听力。

外骨骼则在辅助人们的体力劳动方面做出了巨大贡献。

在某种程度上,骑士的全金属盔甲,可称作一种外骨骼。因为它提供了一个硬壳或皮肤,可以在战斗中保护骑士。航天服和深海潜水的"JIMM"装也算是外骨骼,因为它们在极其恶劣的外部条件下帮助人体正常工作。

Cyborg——半机械人

半机械人(Cyborg,也称作半机器人)是一种"电子控制的有机体"。也就是说,这是一种一半是人,一半是机器的生物。人类和智能机械可以结合在一起,兼备两者的优点,成为半机械人(Cyborg),这已经是现代科技发展的目标之一。

当我们把VR/AR设备、脑机接口、外骨骼技术,融合在一起的时候,科幻片中经常出现的超级英雄,就从屏幕走向了现实。《我,机器人》中,男主角左臂就是经过机械改造的(见图7-6)。"钢铁侠"也是一个非常经典的半机器人形象。

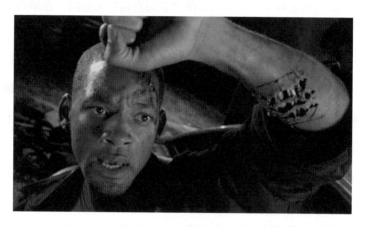

图7-6 电影《我,机器人》剧照(图片来源:影片截图)

半机器人不是新概念,因为人类一直在通过工程性产品来改善自身,但是,目前这主要应用于因为某种生理缺陷、病痛、受伤才接受治疗性改善方案。例如,此类设备可以用于四肢受伤的人,或者由于心脏衰竭而装有起搏器的人。

未来在元宇宙中,半机械人是否能成为元宇宙的主要居民呢?

硅基生命

硅基生命是相对于碳基生命而言的。"硅基生命"这一概念于19世纪首次被提出。1891年,波茨坦大学的天体物理学家朱利叶斯·席纳(Julius Sheiner)在他的一篇文章中就探讨了以硅为基础的生命存在的可能性,他大概是提及硅基生命的第一人。这个概念被英国化学家詹姆斯·爱默生·雷诺兹(James Emerson Reynolds)所接受。1893年,詹姆斯·爱默生·雷诺兹在英国科学促进协会的一次演讲中指出,硅化合物的热稳定性使得以其为基础的生命可以在高温下生存。

科学家对于硅基生命的探索,是从化学角度切入的。我们可以将其类比构成人类主要的元素——碳,将其延伸到与碳同族的硅元素。毫无疑问,硅的化学性质与碳相差甚远。硅的表现并不能合乎人们的期望。以有机化学为参考,能望有机化学项背的硅氢化学体系的尝试以失败告终。因为依靠合成硅烷、硅氧烷等物质的衍生物对有机物进行的复刻根本无法实现。

以硅材料精雕细琢的"芯片",却可能产生以 AI 为主要形态的新型生命。科学家眼中的硅基生命,以"硅芯片 + AI + 钢铁骨骼 + 橡胶皮肤"形式,呈现崭新的面貌。

人工智能的发展的确不负众望。在语音识别、自动驾驶领域,人工智能已经切切实实地改变了人们的生活。

现在大部分的智能电视,都有语音识别的功能,可以在嘈杂的环境中完成识别换台、调整音量等基本的操作。语音识别功能在驾驶过程中无疑更有价值。司机可以在牢牢握住方向盘的同时,通过语音选择导航的目的地,或者进行打开空调这样的操作。这只是人工智能非常简单的应用。

在元宇宙中,大规模的制造、生产,未来都是以 AI 为主体进行。当元宇宙的世界迅速膨胀到物理世界十倍、百倍的规模,我们无法仅仅依赖人类的程序员来实现这一难以承担的任务。事实上,人类程序员扮演的是规则制定者的角色。他们就像"上帝"一样存在,指定元宇宙的几条创世规则。而后 AI 粉墨登场,依据这些规则创建瑰丽的世界。

以蚂蚁为例,它们的行为非常简单,即通过触角简单地交换有限的信息。单独来看,一只爬行中的行军蚁非常简单,若把 1 只行军蚁放在一处平面上,它们会兜兜转转,永不消停,直至累死。若是把数百万只行军蚁放在一起,整体蚁群就成了难以预测的"超级生物体",展现出高深,乃至骇人的"集体智力",甚至可以抱成"蚂蚁球"渡过河流。尽管"球"外围的蚂蚁不断溺水而亡,但是作为一个整体,却可以逃出生天,重建种群。

简单的规则,庞大的数量,就会创造出整体层次上的"智慧"。而这些,恰恰是 AI 擅长的。元宇宙是 AI 成长的天堂。

元宇宙的认识论,你在第几层?

第六章、第七章分别介绍了平台和终端设备。市面上讲平台经济的图书汗牛充栋,专门讲 VR/AR 的图书同样洋洋大观。我们在这里将其放在元宇宙中介绍有何不同呢?

世界到了融合发展的历史时刻,这体现在技术融合、行业融合上。换句话说,靠一款产品单打独斗的年代已经过去了。企业的发展要么加入一个产业生态,要么创造一个产业生态。生态中企业技术架构相似、业务交易相连、数据资源相通,我们应该遵循共创、共生、共赢的理念。

企业家把不相关的要素看成一个整体的能力,就决定了一家企业的业务边界。

大家常用"看山是山,看水是水"来形容认知的第一个层次。如鸿蒙就是鸿蒙,以太坊就是以太坊,游戏就是游戏。因此,就好像元宇宙的书大家也不用细看,不过是另外一个噱头而已。如果看不到鸿蒙、以太坊、游戏、VR/AR 的内在关联性,割裂地看待不同技术和领域,认知也就被固化在第一层。在这个层次,我们可以认识到事物的组成要素,了解要素的特征、价值等。但是,这个认知是割裂的、孤立的、缺乏联系的。在这个认知层次上,如果我们认识不到改变的必要性,就更体会不到改变的迫切性。

"看山不是山,看水不是水",进入了认知的第二个层次。我们往往看到了事物之间的联系,意识到了整体性的存在,但是又忽略了事物之间的独特性。游戏和 VR/AR 有关,VR/AR 和网络有关,网络和 5G、6G 有关……用鲁迅先生的话来讲,一见到短袖子,立刻想到白胳膊,立刻想到全裸体,立刻想到生殖器,立刻想到性交,立刻想到杂交,立刻想到私生子。这种普遍联系忽略了事物之间的独立性和差异性。如果我们看不到事物发展的约束条件,对事物泛泛而谈,行动起来便会漫无头绪。这个认知层次上,言语有相当大的迷惑性。一些概念就因此被人诟病。

"看山还是山,看水还是水",进入认知的第三个层次。在这个层次上,人们既能综合事物的整体性,又能分析事物的独特性;既能看到事物之间普遍联系的本质,又能提纲挈领地抓住普遍联系的主要问题。一旦进入此境界,人们也就具备了改变现状的能力。元宇宙作为兼具综合性、概括性、具体性、实操性的概念,需要我们到达认知的第三个层次,才能对其深刻地理解。只有深刻地理解元宇宙概念,人类才能付诸行动。

大家可以合上书本想想,对于关于元宇宙的概念,我们的认知到了第几层?

后 记

这本书的创作过程,可以说是风云际会、一拍即合。一群走在时代前沿的人,感觉到了时代的大潮。迅速聚拢,立刻确定目标,调整自己的工作内容,整合各路资源,分工协作,才使得这本书在短短两个月的时间内面世。

2021年6月8日,主创团队和编辑团队第一次碰面。乔社长虽刚履新不久,仍然秉持着对前沿趋势的关注和热情,早已开始筹划"元宇宙"书系的出版工作。当时,我正在和毛基业院长合作写作一本关于数字化转型的书。看到各行各业综合应用数字化技术,迅速形成新的组织模式和商业模式,甚至重新组合各类生产要素,汇聚成为新兴的数字生态。这些轰轰烈烈的数字化转型的实践,蕴含着新的产业规律和新的经济思想,所谓新理论就是在这些新的实践中产生的。

但是,数字化转型的理想形态是什么?对于这个最终问题的思考一直困扰着我。只有找到这个理想的最终形态,各行各业才能以此为目标,并结合企业的现状,找到数字化发展的路径。大量传统产业数字化转型的案例都提出DTO概念,借用数字孪生的概念,指出未来的组织都是数字孪生组织。思考、决策在数字世界,执行在物理世界。但是这个概念有点抽象,读者不易接受。

恰好,易欢欢眉飞色舞地跟我讨论"元宇宙",并且把他的微信昵称都改成了"All in 元宇宙 大未来"。我意识到元宇宙就是我一直在找的数字化转型的理想形态,而且它以一种非常具象化且深具传播力的概念表达出来。再看看同行写的各类分析报告,以 Roblox 为范本,综合分析 5G、VR/AR、区块链、游戏,约略指出了发展方向。

2017 年,我在写作《数字生态论》时,开始涉足数字经济领域的研究。书中指出数字经济的最小单元是数字化的产业生态,数字经济其实就是新型经济体系的代名词。数字经济体系庞大,传统商品的生产、流通、消费各个环节,都和传统经济学思想有千丝万缕的联系,缺少纯粹的能够完全展示数字经济魅力、特征的场景。当然,以加密货币为基础的经济体系,已经是完整意义上的数字经济了,但是其对传统金融的冲击,尤其是背后绝对无政府主义的思想,很难被纳入我国主流语境。

元宇宙恰恰提供了一个完整、自洽的经济体系,即纯粹的数字产品生产、消费的全链条,和物理商品的生产、销售宏观全链条相比,其已经具备了所有经济学意义上的特征。但不同的是,元宇宙中全部是数字产品,没有任何物理生产过程。这个特征恰恰是研究数字经济的最佳范本。无须像过去研究经济一样,做出各种不能成立的假设,把经济活动从社会活动中剥离出来,机械地、僵化地套用数学模型,得出似是而非的结论。这种研究方法,本身就是错误的,更不要说从中得出的结论。

但是,现实世界纷繁复杂,社会学、经济学领域的研究总能找到反例来反驳任何创新的观点。要打破传统经济学对人们思想的桎梏,

后 记

就需要找到那些颠覆性的案例，让传统经济学连研究方法都没有立足之地才行。更重要的是，根据新的数字经济理论，预测世界发展的方向，预判产业的目标，对实践起到实实在在的指导意义才行。

元宇宙的经济学，就具备这些特征。在数字世界中生产数字商品，同时只在数字世界中消费。这个经济循环的链条，在过去是没有出现过的。传统经济学的研究重心是围绕物理商品展开的。无论是宏观经济学还是微观经济学，无论是新自由主义经济学还是新制度经济学，面对元宇宙中的经济现象，都是无能为力的。

从这点来讲，元宇宙是诞生和验证数字经济理论的最佳演练场。理论来自实践，领先的理论来自领先的实践，伟大的理论来自伟大的实践。对于我们做产业研究的人来说，还有什么能比得上产业的彻底变革所带来的震撼和喜悦呢？

不仅是经济，元宇宙还是一个"社会"，更是 M 世代组成的后现代社会。其中不仅有经济现象，还有文化现象、社会现象。在这个超越国家、民族、地域、时间界限的社会中，会孕育出什么样的文明？实在令人神往。

元宇宙中，存在和虚无、自我和宇宙、肉体和精神的思辨和统一，淋漓尽致地展现在我们的面前。电影《黑客帝国》中其实一直在问，人类到底能不能一直生活在虚拟世界中？虽然尼奥率领大家最终摧毁了 Matrix，但是日出之后的物理世界，是人们理想中的家园吗？至少有一点是我们都认同的，人类不能一直生活在物理世界中。这些问题，也在不断地吸引我们走进元宇宙，一起创世纪。

《元宇宙》成书时间非常短，创作过程也非常"元宇宙"。基于过去研究数字经济的一些心得，结合科技领域最激动人心的变革，给出

元宇宙

未来发展方向粗线条的梳理。错漏之处多到我自己都不甚满意。就如王巍理事长所说，相较于严谨的学术著作，实在是谬之千里。但是对于元宇宙的 M 世代，已经是姗姗来迟了。好在宇宙都是不完美的，在进化中才能生发出大千世界。因此，《元宇宙》仅仅是个开端，就像宇宙大爆炸一样，创世的奇点。乔社长要基于此，打造出系列书籍的元宇宙，易欢欢要搞出投资的元宇宙，徐远重要搞出区块链的元宇宙，邢杰要搞出通证的元宇宙。

首先需要感谢的是中译出版社，在乔社长的带领和支持下，几乎集全社之力，打造出《元宇宙》的标杆。感谢中译出版社社长乔卫兵，总经理李学焦，副总编辑刘永淳，财经中心负责人于宇，外语分社社长刘香玲，责任编辑张旭，文字编辑赵浠彤、张程程、张莞嘉、方荟文、薛宇、黄秋思，营销编辑顾问、张晴、毕竞方、吴一凡、杨菲，编务助理李静维、全占福、侯鑫，以及出版社其他参与此书的校对、排版、设计、印制、发行、宣传推广等各个环节的人员，感谢他们为此书的顺利出版保驾护航。

感谢中关村大数据产业联盟，感谢联盟理事长宣鸿先生。宣总的鼓励，一直是我前行的动力和坚持的理由。感谢联盟的副理事长包志刚、孟庆国、施水才、隋国栋、王仁宗、徐长军、薛素文、张金辉、赵福君，感谢联盟的理事白数波、陈瞿清、程宏亮、鄂维南、费毕刚、姬晓晨、姜春玲、姜海欧、梁双、李豪、李嘉、刘睿民、毛基业、南春雨、沈丹婷、史博、孙峰、田溯宁、吴曼、尹蓝天。感谢联盟的监事长王文京。尤其是姜春玲作为执行副秘书长和理事长特别助理，承担了联盟的大量工作，使我不必为联盟日常工作分身。

感谢和君集团的董事长王明夫先生，正是先生给了我们商学的启蒙,给了我思考的框架。感谢和君商学的潘番,大力地推广本书。

感谢文峰数字的团队:孙峰、房子超、张威、王高等。他们的辛苦工作,能让我腾出时间来专心写作。

感谢曾俭华行长、苗巧刚、宋宇海,他们在资本市场的实践和认识可以为吾师矣。感谢函数资本的刁心玉、张文明,帮助我查找资料。

感谢艾欣、张小平、苏彤、刘菁、张钢乐、蒋平富、李明、张岚、王汉、修磊、李茜、屠思睿、朱星、杨红宇、霍永光,他们为编写《元宇宙通证》付出了大量心血。

感谢紧锣密鼓地筹备2021年首届元宇宙高峰论坛及新书发布会的会务组同人们,他们是徐远龙、李欣蓉、王昊、林家卫、周美含、骆卡、张璟璟,以及中译出版社的王文、李珍妮、闫心语、冯颖等。

感谢所有为本书作序、推荐的各位学者、企业家、大咖们、朋友们。希望我们能并肩遨游元宇宙!

最后尤其感谢家人,他们忍受了我长达两个月的甩手掌柜的生活。没有妻子的理解和支持,我就不会在短时间内完成这本书。

参考文献

［1］ 曼纽尔·卡斯特尔.网络社会的崛起［M］.夏铸九,译.北京:社会科学文献出版社,2000.

［2］ 曼纽尔·卡斯特尔.认同的力量［M］.曹荣湘,译.北京:社会科学文献出版社,2006.

［3］ 曼纽尔·卡斯特尔.千年终结［M］.夏铸九,译.北京:社会科学文献出版社,2006.

［4］ 周其仁.货币的教训［M］.北京:北京大学出版社,2012.

［5］ 亚当·斯密.国富论［M］.郭大力,王亚南,译.南京:译林出版社,2011.

［6］ 彼得·德鲁克.管理:使命,责任,实务［M］.王永贵,译.北京:机械工业出版社,2009.

［7］ 彼得·德鲁克.管理的实践［M］.北京:机械工业出版社,2009.

［8］ 亚德里安·斯莱沃斯基.发现利润区［M］.北京:中信出版社,2010.

［9］ 亚历山大·奥斯特瓦德.商业模式新生代［M］.北京:机械工业出版社,2012.

［10］ 弗雷德里克·温斯洛·泰勒.科学管理原理［M］.北京:机械工业出版社,2014.

［11］ 赵国栋,易欢欢,糜万军,鄂维南.大数据时代的历史机遇［M］.北京:清华大学出版社,2013.

［12］ 赵国栋,许正中,徐昊,糜万军.产业互联网［M］.北京:机械工业

出版社，2015.

[13] 赵国栋.数字生态论［M］.杭州：浙江人民出版社，2017.

[14] 何全胜.交易理论［M］.北京：新华出版社，2010.

[15] 涂子沛.数据之巅［M］.北京：中信出版社，2014.

[16] 周涛.为数据而生：大数据创新实践［M］.北京：北京联合出版公司，2016.

[17] 车品觉.决战大数据［M］.杭州：浙江人民出版社，2016.

[18] 杰里米·里夫金.第三次工业革命［M］.张体伟，孙豫宁，译.北京：中信出版社，2012.

[19] 稻盛和夫.阿米巴经营［M］.曹岫云，译.北京：中国大百科全书出版社，2016.

[20] 彼得·德鲁克.管理的实践［M］.齐若兰，译.北京：机械工业出版社，2009.

[21] 尤瓦尔·赫拉利.未来简史：从智人到智神［M］.北京：中信出版社，2017.

[22] 吴军.浪潮之巅［M］.北京：人民邮电出版社，2016.

[23] 林恩·佩波尔，丹·理查兹，乔治·诺曼.产业组织：现代理论与实践［M］.郑江淮等，译.北京：中国人民大学出版社，2014.

[24] 文一.伟大的中国工业革命——发展政治经济学一般原理批判纲要［M］.北京：清华大学出版社，2016.

[25] 姜璐.钱学森论系统科学［M］.北京：科学出版社，2012.

[26] 保罗·萨缪尔森，威廉·诺德豪斯.经济学［M］.萧琛，译.北京：人民邮电出版社，2008.

[27] 朱·弗登博格，让·梯若尔.博弈论［M］.黄涛，译.北京：中国人民大学出版社，2010.

[28] 米歇尔·渥克.灰犀牛［M］.王丽云，译.北京：中信出版社，2017.

[29] 约翰·斯图亚特·穆勒.政治经济学原理［M］金镝，金熠，译.北京：

华夏出版社，2017.

[30] 约瑟夫·熊彼特.经济发展理论[M].郭武军，吕阳，译.北京：华夏出版社，2015.

[31] 亚历山大·奥斯特瓦德.商业模式新生代[M].黄涛，郁婧，译.北京：机械工业出版社，2016.

[32] 德内拉·梅多斯.系统之美[M].邱昭良，译.杭州：浙江人民出版社，2012.

[33] 河本英夫.第三代系统论：自生系统论[M].北京：中央编译出版社，2016.

[34] 哈里·兰德雷斯，大卫·C.柯南德尔.经济思想史[M].周文，译.北京：人民邮电出版社，2014.

[35] 安东尼奥·达玛希奥.笛卡尔的错误[M].北京：北京联合出版公司，2018.

[36] 维塔利克·布特林.理想：以太坊的区块链创世录[M].北京：科学出版社，2019.

[37] 尼尔·斯蒂芬森.雪崩[M].成都：四川科学技术出版社，2018.

[38] 朱嘉明.未来决定现在[M].太原：山西人民出版社，2020.

[39] 龚焱.公司制的黄昏[M].北京：机械工业出版社，2019.

[40] 徐远重.三链万物[M].北京：东方出版社，2019.

[41] 龙白滔.数字货币：从石板经济到数字经济的传承与创新[M].北京：东方出版社，2019.

[42] 黄家明，方卫东.交易费用理论：从科斯到威廉姆森[J].合肥工业大学学报（社会科学版），2000.

专家推荐

（排名不分先后，按姓氏拼音排序）

    站在自己的对立面，脱离未知的世界，冲破未知的世界，跨进元宇宙世界。用灵魂的一半去对应另一半，用精神的一半去对照另一半，用身体的一半去合元宇宙里的另一半，合为一个完整的自己。以灵魂指引自己的精神逃脱过往的面具，在元宇宙中重生自己。这是一条必经之路。当我读完本书的目录时，一束光正好划破夜空，它眷顾我，让我看见了那个澎湃而清新的宇宙。读这本书的意义在于看见自己是一个完美的人。

——**艾　欣**　三通集团董事长、中国企业家俱乐部发起理事

    《雪崩》"创造"的元宇宙，"在黑太阳里，一切都是立体的，不透明的，写实的"。欢迎来到元宇宙时代，重新定义人和人生；它也会带来迥异的商业，请你保持兴奋和警醒。

——**柏　亮**　零壹智库发起人、横琴数链研究院院长

    人类社会一直在发展，但需求本身一直没变。衣食住行，生老病死，七情六欲，以及对更美好生活的追求，这些需求一直没变；变的是形式，比如，满足衣食住行，生老病死，七情六欲，以及对更美好生活的追求，这些需求的形式一直在变。可以说，元宇宙是一个会对我们整个社会生活再次带来改变，甚至是重塑的新形式，也会是影响个人、集体乃至财

富命运的新形式。远重兄的"元宇宙"系列，是我们通往未来的一张门票，意义重大，也必将影响深远。

——毕亚军　华商韬略创始人

元宇宙是继大数据、区块链、5G和云计算之后的未来新趋势吗？我的三个好友分别是大数据、金融科技和区块链专家，倾心创作国内介绍元宇宙第一套书，勾勒出未来元宇宙的轮廓。不管你是否认可元宇宙为互联网的未来，这本书都能给你很多的启发。

——蔡凯龙　后浪财经创始人、前德意志银行副总裁

《易·乾卦》曰："大哉乾元，万物资始。"自人类诞生以来，对宇宙本原的探索推动着文明不断前进。远至星辰大海，近至微观粒子，每一次探索都带来了文明的巨大飞跃。当前，虚拟世界已成为人类生活的一部分，大数据、人工智能、区块链、云技术等构成了这个世界无限多样的统一，它不仅改变了人类的生活方式，也拓展了空间、延伸了时间，给人类带来了全新的宇宙观。新的宇宙新的探索，本书为我们描绘了一座人类通往未来无限可能的传送门，或许，这就是虚拟世界的本原。

——曹　阳　悦达国际科技金融研究院院长、独立投资人

对未知的好奇从来就是人类文明进步的重要动力，爱因斯坦用相对论揭示了宏观世界的规律，普朗克和玻尔的电动力学展现了粒子世界的奥妙。致敬中观世界的好奇者，带着我们体验平行时空的人生，更奇妙的数字化人生！本书是对元宇宙重要的元年献礼。相信本书的出版，会推动我们更快抓住元宇宙生态发展的关键要素，迎接下一代数字化未来的到来。

——常　扬　阿里巴巴副总裁、阿里巴巴文娱集团产业发展总经理

在物理现实世界,约瑟投资持续为优秀创业者、优秀企业和 IP 创造价值,在元宇宙的广袤数字世界里,约瑟这个身份所创造的价值则远远超出了投资本身。这套新书是进入元宇宙世界的最佳引路人。

——陈九霖　约瑟投资创始人

物理能量是支撑"信息唯一性"的根本基础。元宇宙创世前的互联网,是低强度能源支撑的、低维度的信息世界。信息可以自主交流,但不能自主交易;未来,基于高强度、高载能、净零碳新能源为底盘的元宇宙新世界,将通过人民群众的共识、聚沙成塔的物理能量,来确保新世界信息的"唯一性"。我们可以看到的,还是互联网。但是,底层逻辑已经改变,底座已经重构。未来已来……

——陈　升　世纪互联董事长

现在的时代是信息化、数字化的时代,但也许未来,这个时代可以称为元宇宙时代。元宇宙带来的将会是一个完整、自洽的经济体系,纯粹的数字产品生产、消费的全新场景。在元宇宙形态下,商品从生产、消费、消耗等全链条来看,又会是完全区分现行市场的形态。简单理解,元宇宙中的商品,完全是在元宇宙中制造和消费的。另外,我们作为独立的个体、组织,也是构建元宇宙的一部分,"我心即宇宙,宇宙即我心",5G、AR、VR、区块链、人工智能等科技的飞速发展,将使得我们能够创造出新世界——元宇宙,当然这个解释不足以让人们深入了解元宇宙,那么究竟什么是元宇宙,它能做什么,它能带给人类什么,书中将给出答案。

——陈　伟　深圳太古计算机系统有限公司董事长、浙江大学 MBA 创业导师

元宇宙是一个新概念,但并不是一个新事物;相反,人类在技术与

资本的推动下,已经在迈向元宇宙的进程中前行了多年。这本书恰逢其时地从理论基础层面,系统地阐释了元宇宙这一概念的构成,能够帮助读者前瞻性感知我们将要去哪里,时代将会如何变革。

——陈　玮　东方富海董事长

2021年是元宇宙元年。区块链、人工智能、虚拟现实技术的突破性发展,使得超空间传输协议、跨场域价值通证与拟感官认知界面三者第一次能够协同于同一应用场景,从而揭开地球的数字纪,真正进入人机共生的时代。

——陈　序　元宇宙与未来资产研究智库 MetaZ 创始人、NFT China 首席顾问

元宇宙作为一个全新的概念,让我们对未来虚拟世界的建立,有了全新的憧憬,未来潜力巨大。如果您想系统地了解元宇宙,那么,本书会给您带来新的视角。

——陈　英　中国电子学会秘书长

当虚拟世界和现实世界的界限被打通,人类将何去何从?《元宇宙》《元宇宙通证》未必能帮我们找到准确的答案,但会帮助人类变成更加智慧的生物。2021年是元宇宙元年,元宇宙将带领我们摁下"重启键",重新思考科技、文明、自然和人类的关系。

——程　博　武汉市中小企业发展促进中心主任

科技的进步、创新是社会发展的重要原动力。元宇宙所带来的新概念、新世界呼唤我们去探索、实践。连接现在与未来的数字世界充满机遇和挑战,现实与虚拟在同一维度运作的平行世界已然来临,我们需要怀着欢喜、期盼、敬畏、戒慎之心迎接每一个当下。

——池腾辉　一名横琴普通拓荒者

我有一个预感，元宇宙将打开人类认识自身存在的全新视角，就像几何学上有欧式几何，也有非欧几何，在元宇宙的平行时空里，我们肉身所在的物理世界也将不再代表唯一和正确的真理。人类无边际的想象力和区块链、人工智能等新科技的磅礴创造力相结合，将会反过来重新塑造出万千世界，这将是一场新的创世纪的开始，区别在于我们每个人都将参与其中。

——邓　　迪　太一集团董事长

元宇宙来了！从创新到经济体系，再到政府，"虚拟世界"已经成为我们生活中越来越重要的一部分。大多数的服务都可以通过去中心化的虚拟方式得以实现，现实的机构在未来可发挥的作用越来越有限。"元宇宙"系列图书涉及新的未来，在这个未来中，人们将更加无拘无束。

我期望"元宇宙"和这个去中心化的世界将为人类历史上最具创造力和生产力的一次飞跃和进步提供一个平台。

——蒂姆·德雷普　DFJ 投资基金的创办合伙人

"元宇宙"系列书极具前瞻性和洞察力，其所描述的虚拟世界与现实世界相辅相成，已然是物理世界中的实体与数字世界中的孪生体相互映射，未来必将成为人类社会数字化发展的终极形态。元宇宙将会赋能现实世界的所有行业领域，基于现有商业模式进行元宇宙化创新，助力数字孪生的社会创新发展从概念走向落地实践，数字化社会已经到来。

——刁志中　广联达科技股份有限公司董事长

元宇宙，重新定义数字世界的未来。人们将来工作和生活的虚拟时空到底是什么样子，如何打造支持它有序运转的基础设施，如何治理这样的世界，核心的数字技术如何关联到我们的未来生活，《元宇宙》《元宇宙通证》带您深入探索。

——丁 伟　江西裕民银行首席信息官

互联网改变世界不断演进，元宇宙的盛大场景正呈现在我们面前，如果数字统治了这个世界，我们未来会怎样？对于任何一位面向未来的读者，这本书开卷有益。

——董 晨　东北证券股份有限公司副总裁

近年来 VR/AR/XR、脑机接口、区块链、数字人、数字孪生等新技术和产品层出不穷，真实世界和虚拟世界的边界似乎正不可逆地变得模糊。元宇宙概念的提出，更是为人类终极的赛博世界提出了完整的构想，也可能为人类下一世代数字技术的发展指出了前进的方向。这套书从多个维度剖析了元宇宙的核心内涵和典型特质，畅想元宇宙未来在多个应用领域的发展前景，带领读者提前迈入元宇宙的奇幻世界，成为元宇宙的原住民。值得先睹为快！

——杜永波　华兴资本合伙人兼董事总经理

进入元宇宙，拥抱美好新生活与幸福新世界。

——樊晓艳　幸福社发起人

"元宇宙"系列书向我们描述了一个与现实世界相平行的虚拟世界，它的技术实现路径渐趋渐进。在这个永不离线的虚拟世界里，人们可以进行互动和交易，俨然是真实世界的镜像。本书高瞻远瞩，视野独到，极具先见之明，为我们打开了解未来虚拟世界的一道门。

——傅 盛　猎豹移动 CEO

专家推荐

邵雍在北宋时就曾推算出地球人类文明是周而复始的，每一轮文明为 10800 年，而天地之规则为 129600 年。数字技术和人工智能的时代仍然是人类在主导和思考，技术促进脑机连接的努力仍将一往无前。"元宇宙"是一切意识的幻化和投影，在无限时空里，人类的自觉和异化正值大数据的切片和共谱。恰在其时，天文学研究，火星与月球上都有类似地球上金字塔人面狮身的构造物。假如证实为同一来源，我们人类的历史和来源都将被重新改写，回归到不生不灭的"元宇宙"。我阅读这本书时，想象我们的祖先夙愿未了，与我们在量子纠缠的时空中，得以在这部书中进行终极的著述。

——**傅榆翔**　国际跨界艺术家，独立策展人

链上原生艺术的非同质化通证，其实是执行智能协议的一种标准、一种行业规范。它天然具备可收藏性、可流通性和可证明性。非同质化通证不但有价值，而且具备进入虚拟社交游戏元宇宙的优势品质，势必与多链元宇宙应用场景、与虚拟世界所映射的人类交往理性及其乌托邦理想产生梦幻联动。显然，链上原生的加密数字艺术史将与物理现实中薪火相传的传统艺术史平行输出，虚实并进，互为表里，长期并存。然而前者终将成为后者的一种确证方式，从而让人类汇聚最高人文智慧和精神价值的艺术文明获得一种数字永生。互联网的尽头也许就是元宇宙。《元宇宙》与《元宇宙通证》是了解元宇宙的奠定基础的好作品，希望了解和参与元宇宙的朋友们，一定要读一读。

——**顾振清**　著名策展人

元宇宙的概念，作为一个平行于现实物理世界运行的虚拟空间尽管来源于科幻小说，但随着 AR、VR、5G、云计算等技术的日趋成熟，元宇宙逐步从虚拟走入现实并不遥远。姑且不论元宇宙是否会成为互联网

的"终极形态",元宇宙经济未来对传统经济的渗透和冲击绝对不容小觑。我们目前尚无法准确预估未来数字商品和实物商品交易各自所占的比重,但传统经济升级到数字经济后,以数字商品为主要对象的元宇宙经济带来的创新、价值、新模式,从游戏中带来的经济能量和新生代生活方式改变可以窥见一斑。本书对元宇宙技术演进和经济特性的探索令人兴奋,作者无疑是元宇宙技术和经济前沿的探索者和先驱者。

——**郭学涛** 悉尼科技大学博士、郑州银行数据管理部技术总监

创新和发展是我们这个世界的主题。当前我们正处在互联网红利逐渐消失殆尽的下半场,数字经济正在叩响新时代的大门,而元宇宙则是未来数字社会发展的必然产物,终将颠覆人类社会现有的生存和发展模式。

——**韩　颖** 广州基金董事长

元宇宙并非只是一个看似感性的概念,或对《我的世界》之类的旧瓶装新酒。它的意义,也不仅是游戏领域的新革命,也可能成为新一代人类的社交或电商工具。这是一个自己也不知道会发育成什么样子的宇宙生态。不会有一家公司能够垄断式地打造或运行它。就如同真实世界,将由许多个人、公司、组织共同实现,也会有非常多的工具、基础设施、协议来支持它的运行,几个关键影响因素包括:虚拟身份与资产、用户创造、经济体系、沉浸感、社交性。目前关于元宇宙的研究资料不多,也较为零散,《元宇宙》及《元宇宙通证》做了系统的观察与梳理,值得一读。

——**何伊凡** 知名财经作家、浅海融媒有限公司董事长

由计算机、网络、算法构建的虚拟世界,如同城市一般,将汇聚新新人类,成就多元价值的创造、交换和消费。这个全新的虚拟世界被称

为元宇宙。元宇宙正处于大爆炸的前夜，是因为感知技术正在突破临界点，弥合了碳基生物与硅基世界的鸿沟；而基于区块链技术的社区自治规则也已落地，规则成就秩序，秩序成就文明。先知者智，先行者慧。热诚推荐《元宇宙》和《元宇宙通证》，愿你成为元宇宙的先知先行者。

——胡　捷　上海交通大学上海高级金融学院教授

元宇宙时代物理、伦理、成本、生产力、生产关系、价值定义都发生了巨变。从尺度上，狭义元宇宙可指任意精神沉浸场景，如书、角色、电影、游戏、城市；广义元宇宙则是所有现实与虚拟世界及其中的物种、物质、信息、规律、时间等互联形成的超级文明体。人人皆可创建无数个狭义元宇宙，最终构成广义元宇宙统一体。从时间上，2030 年前，Web 2.5"虚实共生"，现实与数字世界的互通入口如 AR 世界地图至关重要；2050 年前，Web 3.0"虚实莫辨"，海量子元宇宙如头号玩家实现体验互联；2070 年前，Web 4.0 才是脑机与 AI + 系统互联的真·元宇宙时代。

——怀　洋　叐宇宙公民、悉见创始人、本无起源创始人

一个全新时代的诞生，注定是科技全方位的突破。如何突破，该套丛书给了我们观测未来世界的视角。

——黄光明　魔漫相机创始人

这是一套数字化时代的开源之书，它描述了"人"从"偶尔成为的人"转向"可能成为的人"的进化之路。它是 21 世纪的"乌托邦"真正的建构，也是"桃花源"终于梦想成真的例证。在这个意义上，"人"达到了与上帝的和解。

——黄怒波　北京大学文学博士、中坤集团创始人、丹曾文化总策划

元宇宙

  元宇宙不仅是一个游戏概念，还是数字时代互联网的接替者，伴随着游戏、社交媒体和数字经济产业的推动，这张大版图的每块拼图都已归位，于是元宇宙经济应运而生。本书从玩家熟知的游戏落笔，生动地为读者切入新视角，描绘了这一片崭新的蓝海，进而从元宇宙经济学着墨，新颖独到，让人耳目一新。

——纪振强 苏宁易购集团有限公司采购总监

  想象力和创造力一直推动着人类社会的进步。文艺复兴改变了人们的传统观念，使人类更具创造性和信仰力。人类进入元宇宙时代，这将是人类历史上一次新的伟大的"文艺复兴"。因为元宇宙的底层逻辑是想象力的大爆发。

  在链上世界与现实世界越来越趋合的当下，人们对数字世界的追求不止步于投资和交易。伴随区块链、人工智能、AR、VR等技术的成熟，人们的想象力得以释放，真实地生活在数字世界中的诉求也越来越强烈。沟通社交、价值交换、自我实现、精神追求……在人人都有数字身份的元宇宙中，这些需求既真实又被无限地放大，充满无限的想象力！而在元宇宙的新生态里，商业美学取向、个性化、体验感、价值感都将被重新定义，自成一套新的体系。因此，在我看来，元宇宙还应该有"力"的观点，即元宇宙力。我认为的元宇宙力是：想象力、创造力、信仰力，从而形成创作力经济。未来，更有元宇宙美学。

——贾 伟 洛可可创新设计集团董事长

  5G时代万物互联将至，我们正处在数据大爆发的前夕，"元宇宙"系列书所描绘的虚拟世界就是未来数字世界的终极形态，数字将成为人类身份与资产的象征，而区块链通过去中心化的权益记录，使得虚拟世界的身份和资产具有真实的价值，用户可以随意地处置、流通、交易，

专家推荐

不受中心化机构的限制。

——江有归　浙江富润 CEO

5G、VR、区块链、人工智能、工业 4.0……不知不觉间,第四次科技革命已经汹涌而至。新技术的飞速发展推动了社会结构的重构,人们的物质生活和精神生活水平被提升到了一个新的高度,但这也引发了一系列伦理与道德问题。《元宇宙》《元宇宙通证》将告诉我们人类应该如何与科技协调发展。

——蒋东文　投资家网创始人

5G 时代形成的"元宇宙",在虚拟空间诞生出新的经济、文化世界。现实的信息,进化为信息的现实。难以想象这划时代的变革,将带来多少引人入胜的瑰丽传奇。对于不断追求梦想的人们,本书将成为他们遨游新世界的美丽翅膀。

——蒋济舟　中国信通院码号服务推进组副组长

元宇宙是计算机们自己"算"出来、自己运营的一个世界,我们人类中的极少数人是初始建设者,而绝大多数人是参与者,但是我们人类加起来也只是少数民族,因为这个世界中最活跃的是机器人。

——孔华威　中科院上海计算所所长

有很多人把元宇宙简单地理解为虚拟游戏,也有人知道元宇宙源自于科幻小说《雪崩》,我把它概括为:利用算法和数据,以区块链作为底层操作系统,通过计算和显示技术创造的后人类平行文明。它是一个接近于四维的世界,所以它的价值将不再与用户数的平方成正比,而是与

245

用户数的 3 次方甚至 N 次方成正比!

——孔剑平　嘉楠耘智集团董事长

元宇宙作为下一代具体化的互联网形态,带给用户的将是一种真正的沉浸式虚拟现实体验。但其所需要的技术、创作、经济等生态,也将带来新的需求和新的商机。未来也必将呈现百家争鸣的样态,而谁能构建出独特的文化 IP 将会成为核心竞争力。而本书的观点和案例,也将助力各位加速探索元宇宙的步调,并企盼真正的元宇宙时代的到来!

——蓝　春　新英才控股（集团）有限公司董事长、北京市新英才学校董事长兼校长

未来的元世界的基盘将会是对接了 BIM/CAD/IoT 等数据的数字孪生系统,B 端应用将构建在这个系统之上。AR 将会是这个数字孪生系统和元世界的入口,也是真实世界与元世界的融合点,真实与虚拟的切换和衔接对空间映射的要求越来越高。但元世界单纯有技术支撑不等于能够驱动用户持续生成内容,寻找到这个点将是关键。

——李　劼　DataMesh 创始人

探索前沿的精英们不断有新发展、新发现。现在是你们的时代!把握住方向奋飞!

——李　蒙　第十届全国政协副主席

在"无限办公室"里,如果你想和身处异地的某人沟通交流,这时,你不是简单地打电话给他们,而是对方的化身可以传送进来,然后他们就可以看到你的所有背景信息。眨眼间,他们又可以被传送回原地,就

像未曾来过。奇妙的"元宇宙",将带你进入互联网发展的下个篇章。

——李 瑞 哈啰出行资深 BD

若感知世界的最重要维度——"时间"与"空间"被赋予全新体验,生活行为和经济运行都能被重新定义。"元宇宙"底层逻辑中的"去中心化"思潮代表部分千禧一代的全新身份认同,但也将面临更多监管博弈。是《头号玩家》般的"多元宇宙",抑或只是"垂类 3D 兴趣社区 App",亲历技术变革的前三分钟,都是一件令人兴奋的事。

——李斯璇 著名双语主持人、财经评论员、《硅秘》up 主

科技的突破一直引领着现代社会飞速发展,从混沌到秩序的创新涌现让越来越多的想象变成现实。由虚拟世界联结而成的"元宇宙"将为我们展现数字经济与信息技术交相辉映的宏大前景,预示着人类新时代的来临。未来已来,我们拭目以待。

——李 文 混序部落创始人

"元宇宙"系列书版梓于辛丑,恰逢党诞百年,艰辛历历唤指华夏民族崛起之光辉航向。宇宙无限,初始有元,元亨利贞。万象自然,大道前行,积识启智,时代所需。

——李新永 纪晓岚研究专家、书法家

"上下四方曰宇,往古来今曰宙。""元宇宙"这个我们并不太熟悉的事物如同我们的未来,既充满未知又令人心动不已。这套书将帮助我们探寻上下,思索古今,迎接虚实共生的人类新世界!

——李亚倩 华益控股董事长

每十年，新的技术范式都将代替以往的范式，带动全新的社会创新与进步。2000 年到 2010 年，我们历经了 PC 互联网的十年浪潮；而 2010 年到 2020 年，移动互联网来势汹汹，快速席卷全社会；如今，到了 2021 年，我们又一次站在历史的分水岭。预计未来十年，元宇宙将作为与物理世界平行的数字世界，推动全行业实现终极数字化转型，因为它的能量远超移动互联网。如果你错过了 PC 互联网、移动互联网，那么，不要错过互联网的下一站——元宇宙。

——李　熠　51WORLD 创始人兼 CEO

读佛诵经，一沙一叶，空色不二，纷纷万物而有法度。学物理学，天体运转，量子纠缠，万千变化而有规律。读马克思，人来人往，社会变迁，终是各类社会关系的规律运转。天法道，道法自然，道生一，一生二，二生三，三生万物。《元宇宙》通过一个个生动的商业剖析，从一沙中见世界大千；带读者去数字世界中穿越与畅享，透过千姿百态而又返璞归真，最终回到一，找到商业的道，让我对数字经济有了新的视角和认知。经济逐利，但作为一个当代商业人，通过《元宇宙》《元宇宙通证》，我离经济的道、商业的善、自我的真更近了。

——李玉彪　威海市商业银行信用卡中心经理

"元宇宙"系列书是能给我们带来诸多启发的书。它带领我们到平行于现实世界、又与现实世界密切联系的在线虚拟世界进行了一趟旅行，让我们了解了"元宇宙"的构建原理、运行模式和商业价值。可以预见，不论是否使用化身，元宇宙必将是我们每一个人生活、工作和学习中的一个全新世界。实际上，我们每个人都早已或深或浅地踏入元宇宙里了。为了更好地迎接未来，推荐大家都认真读一读。

——李志军　东方航空信息部副总经理、《旅行简史》作者

专家推荐

元宇宙概念在全球资本市场风潮正起，多个项目已经斩获大额投资，这本关于元宇宙的书，值得勇于冒险的你认真读一读，你将走进一个新世界。

——李志磊　希鸥网创始人

元宇宙是独立于现实世界的第二虚拟数字世界，用户以数字身份在其中自由生活，其核心在于可信地承载人的资产权益和社交身份，能够寄托人的情感，让用户有心理上的归属感。虽然在技术层面，元宇宙的实现尚需一定的技术突破，但透过"元宇宙"系列书，我们可以清晰地看到元宇宙已经离我们越来越近了，我们应该积极拥抱这种趋势，把握历史的潮流。

——廖双辉　投投金融董事长、东方财富联合创始人

宇时宙，宙间宇，宇宙梦；元宇宙通道，引领一个美丽而宏伟的世界！

——林家卫　艺术家

元宇宙是可观测、可预见的前沿技术底座：既集现有物联网、云计算、大数据、AI、AR/VR/MR/XR、区块链、数字孪生等技术于大成，又化作数字经济新基建之钥，开启了通往全新数字世界的大门。元宇宙是快速演化的、新型的数字经济体：通过 UGC、PGC 到 AIGC，极大地调动、整合人与机器的数字参与度与数字创造力；通过数字创造、数字资产、数字交易和数字消费，进一步构建新型数字经济体，重塑区别于传统经济体的新型运作规律。元宇宙还是不断自生长、自演进的社会形态：在价值点、产业链、生态圈、共生体的点线面体的经济体演进中，不断升维，不断迭代演化出全新的元宇宙生态商业模式；同时，自信息技术

元宇宙

诞生以来,从互联网、移动互联网、互联网+到物联网(IoT)、智联网(AIoT),再到万物互联、万象智联(联结物、事、人与时间),不断助推着社会形态的演进。

我们的未来是《头号玩家》的"绿洲",还是《黑客帝国》里的Matrix,抑或庄周的梦境?答案就在书中。

——林江斌　重庆数孪科技创始人 AIoT 与数字化转型咨询顾问、投资人

我们现在从事的数字城市、数字政务、数字化产业,都是元宇宙的先导产业,是真实世界数字化的这部分;随着虚拟世界真实化的另一部分的不断发展,双方将交汇成虚实共生的元宇宙世界。这套书是指引你走向元宇宙未来世界的好向导。

——林　菁　佳讯飞鸿股份公司董事长

人的思维无限而充满想象力,而想象力建立于已知拓展于未知。

数字化时代的当下,未来是不是像想象中一样?

"元宇宙"在数字化探索的路上,从专业角度承上启下提出了新的篇章。

——刘波安野　宜信高级架构师

作者的前瞻性令人赞叹,本套书又一次展现了作者对于人类最具想象力科技领域的洞察。

——刘高畅　国盛证券首席分析师

认同决定价值,而非无差别劳动,"元宇宙"系列书将数字世界展现得淋漓尽致,传统的工业化时代已经渐行渐远,数字化时代已经悄悄到来。世界本就是多元化的组成,宇宙又何尝不是多元化,小到一个细胞,

大至一个银河系,这些微小的单位有序运转,再到后来的繁荣昌盛。数字化是时代的一个大变革,它将所有微小的单位有序串联起来,而又能有序运营释放。通过数字化发展,人类将获得最大解放;电子网络和个人电脑将分散权力或者说赋予个人最大的权力;信息技术使民族、国家界限模糊,人类将走向全球化;是以合作替代竞争,追求普遍和谐的时代。

——**刘金涛**　北京沃丰科技大连公司总经理

关于热点元宇宙,我来亮三点。左一点:现实世界正在加速数字化,我们都在奔赴数字化旅途。右一点:数字虚拟世界也在加速真实化,AR、VR、MR 拐点将至。下一点:面对元宇宙这一新生事物,这套新书可以帮助你更好地了解。

——**刘兴亮**　《亮三点》出品人、DCCI 互联网研究院院长

随着数智时代的到来,数字孪生、人机融合大势所趋!从物理世界到数字世界的映射正逐步构建,未来智能技术的发展将带来认知世界的深度变革!元宇宙不仅是物理世界的数字孪生,更应该是认知世界的数字孪生。尤其重要的是,人和机器作为未来世界认知交互的主体,需要我们从不同维度、不同视角去思考!

——**刘玉超**　一体化指挥调度技术国家工程实验室主任

"元宇宙"概念像是一阵飓风,席卷社会各界并引发热议。这是一部因时而生的著作,将为目前社会热点大讨论贡献有价值的观点。《元宇宙》从生态、治理、基础设施等诸多角度描述了元宇宙的全景,读者一定会惊异于三位作者能用如此生动而充满洞见的语言为我们展现如此令人兴奋的虚拟宇宙。元宇宙是当下真实的、正在发生的事,而且正在从根本上改变未来数十年的世界。可以确信的是,我们离元宇宙越来越

近了。

——**刘志阳** 上海财经大学教授

5G、人工智能、区块链、云计算、大数据、物联网、机器人……新一代的技术把人类再一次推到了一个新的时代：可以预见，在数字经济时代，系列创新将以数字化的方式更快地扑面而来。这一次的变革将会更加深刻和巨大，人类可以通过这些技术直接将物理世界完整地镜像到计算机网络中，成就数字化的平行世界。《元宇宙》及《元宇宙通证》非常前沿地为我们打开了认知未来平行数字世界的大门。

——**隆　雨** 京东集团前首席人力资源官、首席法务官

碎片化的数字信息时代，时间的巨轮呼啸而过。互联网革命以来，AI、区块链、数字货币、星链、加密艺术、元宇宙等一系列新概念接踵撞击着我们本已经负重的大脑。当"个体存在演变为巨大计算机（互联网）母体中的一段程序时，真实和虚拟的恍然无界"，继工业世界的铁血巨头之后，在数字互联网时代的 IT 超霸操控下，人们离在线虚拟系统越来越近，离梦想机器越来越远。人人不过是一粒渺小的游尘或一个像素，世界或许只是无数代码编造的精神荒原……本套书应该可以成为许多人了解元宇宙的一把入门钥匙，相信会让许多人爱上元宇宙。

未来世界是一个由人和机器构成的超级混合体，但再先进的算法也比不了人类会思考的大脑，元宇宙可能也有边界，但人的想象力永远没有边界。

——**罗　强** 著名互联网主义艺术家、全球首个线下NFT加密艺术个展举办者

未来世界，一切皆有可能。当互联网的沉浸感逐步提升、虚拟与现实的距离逐渐缩小时，一个平行于现实世界运行的人造空间就诞生了。

也许"元宇宙"对很多读者来说还是陌生的，相信在不远的将来，它或许会成为一个热词。

——绿　叶　一位来自元宇宙的住民

我们看到过去互联网、大数据、区块链、半导体等科技行业在中国的迅速崛起改变了人类的生活消费习惯，我们一直在问下一个科技爆发的点在哪里？我相信如果你有时间阅读此书，将会得到你想要的答案。这是一本通俗易懂，系统分析元宇宙和现代平行世界关系的书，相信读后定会让你大开眼界，如获新生。

——马天诣　安信通信首席分析师

如果你还没有意识到，新兴数字技术正在以前所未有的速度重构人类生活，将你拉入虚拟时空，本书绝对可以帮到你。如何理解数字经济时代层出不穷的新现象和未来趋势？本书给出了深刻且有趣的解读、颠覆性判断和大胆预言，保证你在愉悦的阅读中脑洞大开！

——毛基业　人民大学商学院院长

我们常说，区块链发现了数字经济的一片新大陆、一个平行宇宙。如果这种说法成立，元宇宙就是这个平行宇宙的终极实现，是数字资产的终极容器，也是数字商品的终极消费场景，代表了当前我们对于数字经济的最大胆也是最激动人心的构思。了解元宇宙，是把握数字经济财富机遇的必经之路。

——孟　岩　Solv 协议创始人、数字资产研究院副院长

《元宇宙》不浮于表面，而是深入用户、基础设施、治理等问题进行探讨分析，同时很好地做了普及概念的工作。元宇宙是未来如同"平行

世界"一般但将真实存在的数字新世界。在这个世界中,所有人将获得新身份、新认同、新生活,在一个全新的生态中生活、交易、学习……在这样一个未来世界中,数字经济也将产生全新的业态,甚至影响和重构现实世界中人们的经济社会生活形态。了解如此重要的概念和趋势,这本《元宇宙》是非常好的入门读物。

——南春雨　和君资本副总经理

当现实世界与数字世界之间被"元宇宙"打通,一方面,现实世界中的每一个人、每一台设备都将在元宇宙中拥有数字孪生的自己;另一方面,元宇宙中原本虚拟化的一切也将对现实时空产生巨大影响。智能交互硬件性能终将突破感知极限,让人真假难辨;物联网、大数据及人工智能等技术终将突破范围边界,让元宇宙无边无际。庄生晓梦迷蝴蝶。最终,人们更愿意生活在现实宇宙,还是完全将精神寄托在元宇宙呢?读过本书,答案自在你心中。

——倪晓林　联想懂的通信副总经理

记得1999年的夏天,看大片《黑客帝国》觉得超酷!它告诉我们世界是可以通过数字进行万物互联的!虽然它不过是通过电影抒发一下人们的想象而已,但22年过去了,世界的发展,早已超乎人们的想象!数字时代就在眼前,没有网络的世界已不可想象。今夏,读这本书,深感它的热度,它启发人们思考在技术推动下,社会新的形态、新的模式和发展趋势。超炫!

——潘庆中　清华大学苏世民学院常务副院长、中国公共关系学会副会长

书中分享的关于"元宇宙"的思考系统独到、深刻,为我们打开了

一扇通往"元宇宙"世界的大门,希望大家和我一样能享受到这场思想的饕餮盛宴。

——钱峰雷　浙江恒峰国际控股有限公司董事长

无论我们如何感知,其实早已身处数字世界。数字经济、数字生活、数字娱乐、数字工作,庞大的数字时空正在迅猛崛起。这正是本书定义的"元宇宙"。元宇宙的量子特性和离散特性是如此玄妙:不受任何物理规律支配,又能模拟任何物理规律。极致到终极一问:元宇宙和宇宙究竟哪个是真实存在的?本书将2021年定义为元宇宙元年,其命题之深远、内容之宏大、认知之先锋,值得推荐阅读!

——钱晓钧　国联股份创始人、CEO

万物元年,鸿蒙初始,创世纪一样新世界即将来临,我们将从物质世界的正面——"现实和肉体",走向物质世界的背面——"虚拟和思想",塑造另外一个自己,就是元宇宙。佛教中有三千世界,数字时代拥有三千元宇宙。

——乔伟豪　中国资本市场投资大师

也许每个人都无数次地希望重活一次。元宇宙提供了现实之外另一种重新生活的方式。技术发展让这个"新世界"越来越生动,体验越来越真实。这套书的出版对于有意了解和投资元宇宙的有识之士具有重要的参考价值,值得细细评读。

——秦　朔　人文财经观察家、秦朔朋友圈发起人

人类是现实世界的认知奴隶,却正在成为元宇宙的上帝。

——沈　阳　清华大学教授

历史上有无数实践证明,曾经我们不敢相信的事情最后都变成了现实,元宇宙也可能是我们走向未来的必经之路。现实世界的身体,在元宇宙中能够拥有无限的能量和可能性,其既是我们创造出来的一个理想体系,但在和现实世界的交融之下,也不再虚幻。人类上下求索的文明世界,也会在未来以某种现在我们认为不可能的方式,继续散发其无限魅力。我相信本系列书将会是体会"阴阳"的敲门砖,推荐大家阅读。

——沈振鸿　钧源资本 CEO

元宇宙的概念最近特别火热,那么到底什么是元宇宙?"元宇宙"是互联网的接替者,它基于虚拟现实技术,充满着对现实世界的隐喻,也为泛滥的数字化娱乐、社交联系和企业发展业务提供机会。世界间的联系正以更快速度变得更加紧密,元宇宙离我们越来越近了。

——施　涛　信也科技集团采购资深专家

元宇宙是下一个集社交、娱乐、学习于一体的全新数字世界,并逐步承载人们的身份、数据和资产。"元宇宙"系列书站在传媒、IT、区块链的角度全面阐述了十年科技老兵对行业的观察,颇有共鸣。

——宋嘉吉　国盛证券区块链研究院院长

元宇宙是什么?一个平行于现实世界并始终在线的沉浸式虚拟世界,其核心在于对虚拟世界中虚拟资产和虚拟身份的承载,用户可在其中进行文化、社交、娱乐活动,进行一系列虚拟活动,这个由游戏与虚拟空间组成的庞大新世界正在崛起,或将成为万物互联时代的终极赛道,我们不得不高度重视!

——宋宇海　京东天使投资人

"元宇宙"系列书全面描绘了互联网发展可能的未来形态，给我们描绘了一个与传统物理世界平行的数字虚拟世界，同时为我们社会的全面数字化转型提供参考路径。阅读本套书，可以指导我们更加深入地思考大数据、区块链等新技术与各行业的融合，以及数字经济、社会治理、数字基础设施等未来的发展方向，引领着我们去探索未来的数字世界。

——**宋雨伦**　联通数字科技有限公司首席数据科学家

即便到现在，人类还无法完整描绘元宇宙的全貌，但已经可以看见的是，它会是一种媒介工具、一种社交方式，也会是一个无限的开放平台、一种重构的时空场景。通过万物互联、技术驱动和信息的标准化建设，我们正在创造一个全新的赛博世界，而全新的消费业态也正在到来的路上。

——**隋国栋**　值得买科技创始人、董事长

这是一个数字爆炸的时代，这是一个科技造富的时代。如何平衡精神与物质、工作与生活、虚拟与现实，是很多当代人的困惑。读了本书，你会茅塞顿开、幡然醒悟，明白生命的意义、存在的价值！本套书为整个社会乃至全人类指明了方向！

——**汤旭东**　创势资本董事长、创始合伙人

透过"元宇宙"系列书，我得以看到未来虚拟世界的前景，它拥有完整的经济和生活系统，已然是独立于现实世界的另一套社会生活体系，人类可以正常地进行社交娱乐、生产生活和交易等活动。支付体系的建立打通了现实世界和虚拟世界的桥梁，是元宇宙世界必不可少的元素。

——**唐　彬**　易宝支付 CEO

元宇宙，一个全新的概念在近几年出现，被认为是数字经济创新和产业链拓展的新疆域。这本书简单易懂地向读者介绍和展示了何谓"元宇宙"，读者在其中能够学习、思考未来技术的方向和趋势，以及技术推动的未来商业变化，给予读者启示。该书值得大家一看。

——唐　凯　厦门云扬未来科技有限公司总经理

元宇宙是平行于现实世界的一个虚拟世界，数字承载着人类的虚拟身份与资产，代表着人类的财富与信用，是未来数字社会发展的必然趋势。"元宇宙"系列书展现的未来虚拟世界和技术发展路径给人以无穷的想象和启发，使我们对元宇宙世界的美好场景充满了憧憬。

——唐　宁　宜信集团CEO

元宇宙突破我们对未来世界的想象力，可能代表最新的社交方式、生产关系、数字化内容。元宇宙生态里一定会诞生一大批充满生产力的建设者，也会催生一批科技创新的公司，为未来世界描绘蓝图、创造价值。每一位未来世界的建设者都值得读一读这套书。我也借助这本书学习受益匪浅。点赞！

——唐肖明　惟一资本创始人

物理世界的长江润泽中华大地和企业家的心灵，元宇宙数字世界里的长江则可以流向每一个需要的地方，助力每一个值得助力的人，哪里有需求哪里就会流入数字长江的智能合约。这套新书是帮助我们进入元宇宙无尽价值世界的好伙伴。

——滕斌圣　长江商学院副院长战略学教授

元宇宙的本质是开放，加之融合区块链技术带来的价值元素，为其赋予了更多想象空间。有人将元宇宙视作人类文明的下一个载体，也有人质疑它存在过度炒作的泡沫。本书从历史纵向维度和产业横向维度分别展开，勾勒出元宇宙世界清晰翔实的全貌，为读者提供了认识和探索元宇宙的捷径。

——王　峰　火星财经及 Element 创始人

虽然元宇宙目前还很难被定义，但这个概念已经有了足够的热度。我们可以怀疑元宇宙论，但不能盲目地拒绝。我们不一定非要参与其中，但起码我们要去了解一下。这本书正是了解和理解元宇宙的不二选择。

——王富强　互动吧创始人

从数字经济到数字社会，人类创新的旅程一刻未停，新业态、新模式、新生态、新概念层出不穷。元数据、元地球、元宇宙，一脉相传。

——王继业　国家电网有限公司副总信息师

数字产业化、产业数字化蓬勃发展，万物数字时代已然到来，元宇宙将是实现数字化领域创新链、产业链和资本链"三链"联动的汇聚点，随着 AR、VR、5G、云计算等技术成熟度提升，元宇宙逐步从概念走向现实。本套书系统地阐述了元宇宙的过去、现在和未来，值得研读。

——王　露　中国行政体制改革研究会常务副秘书长

元宇宙是个新概念，我的理解是虚拟世界、是数字世界、是游戏世界、是 VR、AR 和 MR。真的是什么请看这第一套专著。

——王　璞　北大纵横创始人、中国生产力促进中心协会名誉会长

IT、互联网、AI、云计算、区块链等每一次产业的大发展，背后离

元宇宙

不开创业者和我们投资界的相互成就,已然开启的元宇宙世界,将会是更为宏大的产业浪潮,也许将会是互联网的终极形态。这套新书,是帮助大家走进元宇宙数字世界的好帮手。

——王少杰　中关村股权投资协会会长

互联网世界最大的一个特征就是创造消费。元宇宙又将是一个新的未来型消费幻想,有需求就会有供给,就会有投资。至于未来会是什么,回答就是:可以把未知的未来,拿到今天来消费。

——王世渝　数字辉煌科技创始合伙人、富国富民资本创始合伙人

5G 社会已悄然临近,海量数据的爆发正引领人类社会从信息时代过渡到数字时代,我们未来必将成为数字化的物种,真实世界与虚拟世界并存,这是未来世界发展的一个重要趋势,我们将有幸成为这一社会划时代变革的见证者。

——王思聪　北京互联网金融行业协会秘书长

纯数字形态产品的创造、交换、消费已经在当今时代的经济与社会生活中体现得越来越明显。"元宇宙"的提出就是为了揭示和描绘这一重要趋势。本书将带你系统了解和把握这个与你息息相关的新世界。

——王文京　用友网络董事长兼 CEO

被虚拟互联网和人工智能深深改造了的宇宙,是一个无边界的混沌元宇宙。在这里,一切是非善恶好坏不停地反转,即生即灭,能量起伏呈现巨大的不确定性或无穷性。个人或组织,唯有一切从零出发,敬畏无穷性,不断打破边界,聚集宇宙能量不断创造精美绝活,以拓展人类

和宇宙巨大无穷性的福祉。

——王育琨　伟事达私董会教练与管理哲学家

数字化转型的第一步是建立数字分身。《头号玩家》所想象的世界，是具象的数字分身所组成的虚拟空间，也是本书"元宇宙"概念的形象呈现。可以从三个层面前瞻充满想象力的元宇宙：在技术层面，它可能是将一系列的新科技和黑科技，比如 5G、区块链、沉浸式 VR/AR、数字加密货币等，有机组织的场域；在社群与经济的层面，它促生年轻世代的虚拟社群，将体验经济和注意力经济推向极致；前瞻人与人工智能博弈，它又似乎能扮演衔接基因进化文明与数字知识文明的连接器。本书虽有一种杂糅玄学的味道，但作为对"人＋机器"的未来的一种思考，的确脑洞大开。

——吴　晨　《经济学人·商论》执行总编辑

几位作者洞察到了数字世界的最新发展方向，送给了我们一盏明灯，指引我们探索数字时代充满无限可能的全新未来。

——吴　刚　九鼎集团董事长

我们一部分人花在虚拟世界的时间已经多过花在现实世界的时间。未来，我们绝大部分人花在虚拟世界的时间很可能会多过花在现实世界的时间！这种革命性的变化，即元宇宙新时代。强烈推荐中国首套系统描述未来元宇宙世界的系列丛书，让我们一起预测未来并创造未来。

——吴家富　沐盟科技集团董事长、中国通信学会创新驱动委员会资本组组长

随着区块链、人工智能、大数据、云计算、VR、5G 等技术的发展，我们正身处一个充满变化和挑战的时代，不断提高科技创新能力关乎个

元宇宙

人发展和民族复兴。"元宇宙"的提出,为我们创造了无数崭新的可能性,揭示了未来社会的生态图景。在这个大背景下,《元宇宙》和《元宇宙通证》惊艳诞生。我们相信,元宇宙将带来一场巨大变革,对全球经济秩序产生巨大影响,年轻人任重而道远,正所谓"长江后浪推前浪""江山代有才人出"!

——吴晓青　民建中央副主席、中国产学研合作促进会常务副会长

穿越时空,探索宇宙,梦中世界,入我心中。虚拟融合,浩瀚无穷,AI 世界,美丽呈现。请打开这本书,每个人都会拥有美好的人生!

——小太阳　M 世代之光

"宇"代表上下四方,"宙"代表古往今来,宇与宙合在一起,代表着无限的空间和时间,象征着无限种可能……"元宇宙"系列书告诉我们,宇宙还有另一种打开方式。元宇宙丰富了我们的想象空间,扩展了我们的认知模式,是人类技术与艺术、商业与社会的又一次大融合、大跨越。元宇宙时代已经到来,我们很难说清哪一个是虚拟的、哪一个是真实的世界……或许真实世界本来就是虚拟的,而虚拟世界却是真实的……

——徐浩然　中国第一个首席品牌官、中国中小企业协会副会长

元宇宙赋予了用户在网络赛博世界的虚拟身份,这是和现实世界相对应的身份。现实的物理世界让我们认识了自我,而在元宇宙我们重新定义了自我。在这个虚拟世界里每个人都可以成为自己的"超级英雄"。这里有自己的秩序,有自己的经济规则,这是人类未来的精神家园。穷则变,变则通,通则久,习近平总书记提到"科技领域是最需要不断改

革的领域"，只有与时俱进才能保持活力，才能保证一切顺利地进行。

——徐　炬　策展人

"元宇宙"将是未来虚拟世界中最具潜力的领域，技术成熟度的拐点似乎已经到来。数据、数字物品、数字化形态的内容以及 IP 都可以在元宇宙中通行。

——宣　鸿　中关村发展集团总经理、中关村大数据产业联盟理事长

下一代的创意内容基础设施会是什么？我们一直在思考和探索。科技赋能想象力，元宇宙带来了新的可能。技术和创意会进一步交相辉映。而价值观和世界观带来的身份认同和圈层文化，会是人类发展的长期原动力。

——杨　振　特赞总裁

元宇宙的发展建立在传统互联网成熟的技术基础之上，并以 5G 与 AIoT 为基石，充分利用区块链、大数据、人工智能等新一代信息技术赋予人身份与资产特征，保障人类资产权益和流转在虚拟世界的正常进行。"元宇宙"系列书构建了一个完善的虚拟社会生活、经济体系，使我们得以一叶知秋，发现未来虚拟世界的美妙之处。

——叶大清　融 360CEO

元宇宙源于尼尔·斯蒂芬森在 1992 年出版的科幻小说《雪崩》，在经历了从《黑客帝国》到《头号玩家》后，Metaverse 已经从文学作品搬上了好莱坞影视巨作的荧幕，成为时空架构的重要元素之一，不断冲击着人类的眼球。目前，元宇宙渐具实现的技术基础，元宇宙平行世界或

已并不遥远，通过"元宇宙"系列书我们或许可得以窥之。

——易 鹏 盘古智库理事长

无论在什么状况下，不管时空如何转变，加密艺术（即区块链艺术）、元宇宙等互联网文化形态都应连接现实和未来，拒绝固化和稳定，用超乎寻常的思想与方式，与星际空间密切沟通。可以预见，在未来的某一刻，数字世界的超能量会把现有的现实结构、观念一一撕裂，核变出前所未有的无限形态。这本书内容精彩，值得深入阅读。很好奇也很期待一个超越现实世界和物理形态的元宇宙所带来的未来……

——尤莉娅 A. Yang 乌克兰 NFT 加密艺术家

元宇宙将是我们在未来的主要社交、娱乐、工作、协同的"载体"或"基地"。元宇宙是"新物种"，更将是新物种的"母体"，有望在五年内改变人类的生活方式。在区块链和 NFT 等技术与应用的助推下，未来我们都将在元宇宙这个全新的数字世界中，创造大量新型数字资产，进而重塑财富格局。从现在开始，每个人都应该关注和理解元宇宙，读一读"元宇宙"系列书，这对我们的未来将会至关重要。

——于佳宁 中国通信工业协会区块链专委会轮值主席

元宇宙代表着互联网和数字科技发展的下一阶段，为人类的想象力和创造力提供一个崭新的舞台；将有限游戏、零和游戏变为无限游戏、非零和游戏；突破现有成熟市场的内卷、延展新的价值空间、带来新的商业模式，必将成为新经济和财富创造的引擎。

——余 晨 易宝支付联合创始人

易欢欢先生是我多年的朋友，他的《元宇宙》和《元宇宙通证》系统全面地阐述了元宇宙的概念、理论和应用场景。元宇宙能连接现实世界和虚拟世界，带来更好的体验，承载更多的信息，能极大提高人类接收和处理信息的带宽。同时，其可能会颠覆目前的社交、电商、短视频、广告、游戏等业态。

——曾　光　深圳互联网金融协会秘书长

《元宇宙》及《元宇宙通证》兼具专业性与通识性，内容深入浅出、启人心智，是我们得以窥见未来虚拟世界的一个窗口。

——曾俭华　华建函数基金董事长、原建行首席财务风险官

一个由游戏与虚拟空间组成的庞大新世界正在崛起，这就是"元宇宙"。元宇宙具有巨大的潜力，也承载着伟大的变革使命。这套书对于驱动元宇宙发展的技术基础，元宇宙平台的运作要素，为了建立起健康而充满活力的生态系统所需要构建的元宇宙经济体系，都进行了深入浅出的探讨。致敬创作本书的几位年轻布道者，引领大家一起去探索未来世界。

——曾　良　天使投资人、互联网创业家

元宇宙是一个全新的虚拟世界，可以是嵌套的多个位面，也可以是多个平行的位面。在每个位面里有各自的宇宙规则，在每个规则下都是经济和上层建筑的重塑，会产生全新的地产商、零售商、娱乐场所等，开创全新的虚拟人生。本书对这一未来的基础形态和构建技术进行了全面的介绍，相当于为读者们提供了丰富的建设物资，我们每位读者作为未来世界的架构师，唯一限制我们的就只有想象力了！

——张　晨　浙江创邻科技有限公司创始人兼CEO、杭州市特聘专家

元宇宙

随着科技进步和互联网的快速发展,数字技术不断改变着每个普通人的生活,人类社会已进入数字化的世界。《元宇宙》从数字世界的视角将现实世界中普通人的游戏、生活和数字世界的经济、社会、政治运行规则一一解读分析,为读者提供一整套的元宇宙理论。文中知识涉猎极广,从社会学、经济学再到哲学,从区块链技术到 5G 应用,该论著从当代普通人熟知的各项热点事件入手,探讨了元宇宙的运行规律,引发读者对于数字生活的深度思考。

——张功臣　齐鲁银行科技部总经理

互联网是在一个相对混乱过程中"诞生"的产物,开放的(主要是学术的)互联网与封闭的(主要是面向消费者的)服务还处在并行发展阶段,元宇宙时代的到来一定会成为推动宇宙科技和人类文明快速发展的主要动力。今天,虽然我们对元宇宙如何为用户提供服务还尚不清楚,但是,我相信随着科学实践的发展,我们一定可以突破人类认识上的困难,本书会成为我们认知世界的好帮手。

——张进隆　英国中华总商会主席、商域国际集团董事长

在全球数字化浪潮及数字中国大趋势下,"元宇宙"强势来袭,这将是一次难得的历史机遇。如何抓住这个机遇,通过本套书,你将全面了解元宇宙的本质。

——张　军　中信云网副总经理

如同老子在《道德经》中所言:天下万物生于有,有生于无。天下万物生于有的现实,有的现实生于虚无的元宇宙世界,元宇宙未来虚拟世界的发展将决定现实世界万物的发展,想要知道未来的现实世界是什

么样的，就得深刻去理解未来的元宇宙世界是什么样的。

——张瑞海　百悟科技董事长

元宇宙是一种全新的建设起点，它涵盖了技术、金融、社会学、法学等多个领域。每一种文明都会发展到一个特定阶段，都会进入一种新的哲学范畴，即人可能会变成神。相较于古人而言，在当今信息量爆炸的网络时代，我们几乎做到了信息的穷尽。全知全能之后，人产生了基于神的使命感。在本书里，你可能会发现如同宇宙大爆炸一样震撼的视角，生命在哪里诞生，生态在何时繁荣，在无限的前提下，混沌和秩序是如何产生，碳基和硅基是如何交接。而最终，存在和意义的命题，可能会随着人们创造宇宙的能力而找到答案。

——张晏佳　工信部互联网＋产业融合工作组秘书长、晏瓴资本董事长

在元宇宙时代，事业的版图取决于我们能在多大范围把不同的要素整合在一起，元宇宙提供了无尽的时空，真是"海阔凭鱼跃，天高任鸟飞"。

——张宗真　全国政协委员、永同昌集团董事局主席

现在"元宇宙"的概念越来越热，给了人们对未来的憧憬。由于基础建设，各种各样的软硬件技术的发展，再加上更年青一代对多维世界追求的好奇心，在未来会出现一些人们能够沉浸其中的应用，甚至生活。它会把身份、社交关系、丛林法则，以及在此基础上建立的一套经济系统整合起来，为大家创造新的生活方式。我小时候看的科幻电影，绝大多数都已经成为现实。现在我们看的科幻电影，如《头号玩家》，在将来也一定会变成现实。

——章苏阳　火山石资本创始合伙人兼董事长

本系列书提出了"元宇宙"新概念,从技术角度、经济学角度和哲学角度对元宇宙进行了分析,提出了很多新观点。从物理世界到数字化的虚拟世界,再通过对虚拟世界的数字化改造,实现对现实世界的优化,这也是我们一直在实践的领域。元宇宙到底会不会成为数字化的下一个阶段?这个过程中我们可以做哪些努力?值得我们深入阅读和思考。

——赵 越 联通智网科技股份有限公司董事长

数字城市的本质是构建城市的数字孪生,其核心是通过数据的生产、采集、运营和赋能,打通数字空间和物理世界,形成数字孪生闭环。而数字城市的升级会不会将是城市化元宇宙?人们创造、生活、娱乐乃至工作的时间将越来越多地花在"元宇宙"中,相信这将带来一次全球范围内经济形态、文化范式等全方位的变革浪潮。正逢建党百年伟大的"觉醒时代","恰同学少年,风华正茂,书生意气,挥斥方遒",相信你们正是"路漫漫其修远兮,吾将上下而求索"的一群浪漫的理想主义者!

——周鸿祎 360公司创始人、董事长兼CEO

当前,数字技术已经广泛应用于社会生产、生活等场景,正在全方位、全角度、全链条为所有领域赋能、为所有个体赋智、为所有主体赋速。"元宇宙"剑指互联网的"终极形态",是数字化未来的一个更具象化的综合体,是数字经济创新和产业链拓展的新疆域,随着AR、VR、5G、云计算等技术的成熟度提升和沉浸感、参与度、永续性的实现,"元宇宙"有望逐步从概念走向现实,在数字化的世界中去重构现实中的社交、生活乃至经济与社会系统。

——朱 玉 中国信息协会副会长